Petit traité de géométrie des âmes

M.F. EDMOND

© 2021, Marc Bajard
Édition : BoD – Books on Demand,
12/14 rond-point des Champs-Élysées, 75008 Paris
Impression : BoD - Books on Demand, Norderstedt, Allemagne
ISBN: 9782322376674
Dépôt légal : juin 2021

La géométrie des âmes

Samedi, 8 février 2020

Peut-être reconnaissez-vous ces quelques figures.

 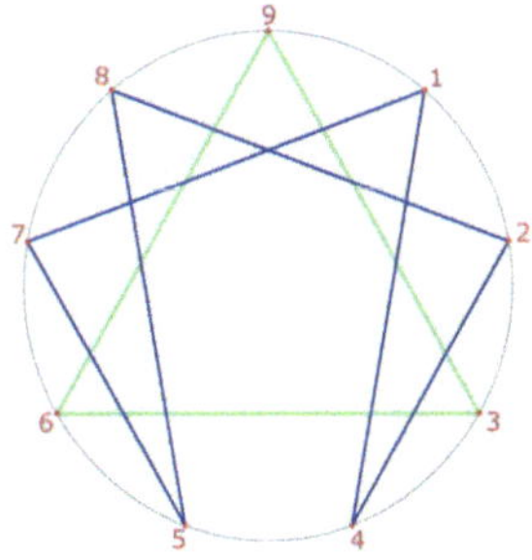

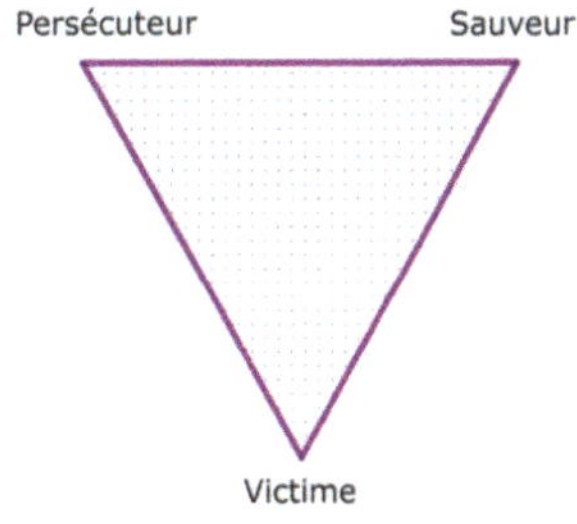

Il s'agit du circumplex de Schwartz, du symbole de l'ennéagramme, du triangle de Karpman, et de la spirale dynamique de Beck et Cowan.

La littérature afférente à l'étude des âmes ou des rapports humains regorge de représentations de ce type.

Pour paraphraser Francis Blanche dans « les tontons flingueurs », je trouve curieux chez les psychologues et les sociologues, ce besoin de faire de la géométrie[1].

Est-ce une coquetterie de chercheur ? Je l'ignore.

Certes, un bon dessin est toujours plus efficace qu'un long discours ou que quelques pages manuscrites pour expliquer un raisonnement. Mais les schémas que je présente ici vont bien au-delà de simples esquisses puisque leurs initiateurs ont fait le choix délibéré d'utiliser des modèles géométriques pour illustrer leurs argumentations.

---

[1] Michel Audiard lui faisait dire, après que Lino Ventura ait craqué un bourre-pif à un gardien de péniche récalcitrant : « C'est curieux chez les marins ce besoin de faire des phrases ! »

Devant ceux-ci, comment ne pas penser à Euclide ? Comment ne pas penser à Newton ? Comment ne pas penser à tous ces physiciens qui nous ont expliqué le fonctionnement du monde ?

Alors faut-il considérer ces représentations comme de simples croquis destinés à nous guider dans les arcanes de l'âme humaine, ou devons-nous, au contraire, les interpréter comme de réels outils scientifiques ?

Par le biais de la géométrie et par l'entremise des mathématiques, les sciences physiques nous ont permis de mesurer, de comprendre et de vérifier la cohérence de ce que nous observions dans la nature. Elles nous ont donné la possibilité de prévoir, de découvrir et de nous projeter vers le futur. Grâce à elles encore, nous avons pu concevoir des mécanismes, des systèmes et des machines qui ont contribué à faire le succès de notre espèce.

Mais voilà qu'aujourd'hui, les outils prédictifs que nous avons mis au point, nous annoncent un avenir très incertain. Notre frénésie d'existence et notre obsession à dominer le monde provoquerait, à grande échelle, la disparition de la vie sur la Terre. Le phénomène semble si sérieux que nous pourrions bien, nous-même, ne pas en réchapper.

Nous mesurons, nous évaluons, nous projetons. Nous comprenons la situation désastreuse dans laquelle nous nous trouvons, mais étrangement, nous semblons être dans l'incapacité totale d'y remédier.

A mesure que nos aptitudes à maîtriser notre environnement s'accroissaient, nos sociétés se sont élargies et complexifiées. Nos extraordinaires avancées dans les secteurs de la communication et de l'information ont fait émerger un corpus culturel commun à toute l'humanité. Malgré la multiplication des points de contact entre les individus, les structures sociales n'ont que peu évolué au sein de nos communautés. La mondialisation, qui aurait pu porter l'espoir de rapprochements entre les peuples, n'a pour l'heure, été que source de confrontations entre ceux-ci.

Tout s'est passé comme si la révolution technologique, issue des sciences physiques, n'avait pas été accompagnée d'une révolution culturelle équivalente, issue des sciences sociales.

Il fût pourtant une époque, pas si lointaine, où les physiciens étaient également philosophes. Ils étudiaient alors aussi volontiers la trajectoire des corps et des planètes que celle des âmes et des esprits. Ils se souciaient tout aussi bien d'astronomie que de théologie, de sociologie ou de politique. Mais au fil des ans, cet éclectisme s'est perdu.

Les postulats d'Euclide nous avaient permis de poser les fondements de la géométrie. Et c'est bien cette géométrie qui est à la source de la plupart de nos découvertes et de nos avancées scientifiques.

Mais n'avait-elle vocation qu'à nous aider à comprendre la mécanique de la matière ? N'aurions-nous pas pu l'utiliser pour assimiler la mécanique des âmes ?

C'est ce que je vous propose de vérifier dans ce petit traité.

Jouons avec Stephen[2]

Mercredi, 12 février 2020

Il y a quelques mois, nous avons publié avec deux de mes amis, un petit ouvrage intitulé « Isaac patraque[3] ». Philippe y écrivait ceci :

« … ce sont les rapports de domination qui sont à l'origine de la plupart de nos problèmes actuels : domination de l'homme sur la nature, domination de l'homme sur les autres hommes, domination de l'homme sur la femme … »

Bien que je ne sache pas vraiment quoi en penser, j'entends cette opinion. Mais je m'interroge sur la façon de la vérifier. Plusieurs questions primaires me viennent à l'esprit :

- Qu'est-ce qu'un rapport de domination ?
- Savons-nous l'identifier ?
- Saurions-nous le mesurer ?

---

[2] Stephen Karpman, Médecin psychiatre et psychologue contemporain, adepte de l'analyse transactionnelle.
[3] Editions BoD

- De quels outils dispose-t-on pour répondre à ces questions ?

De récents échanges avec mes congénères nous ont amenés à évoquer le triangle de Karpman dont je n'avais plus entendu parler depuis bien longtemps.

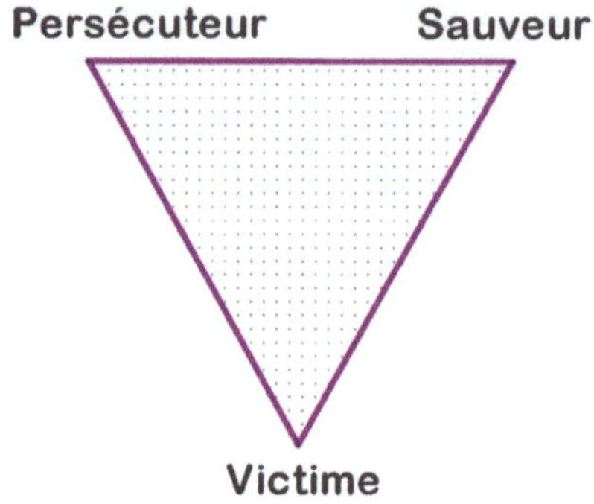

Cette figure sert d'illustration à un jeu psychologique qui met en scène les rôles de victime, de persécuteur et de sauveur.

Je ne vais pas m'étendre sur les travaux de Stephen Karpman. D'autres, bien plus érudits que moi, l'on déjà fait à maintes reprises. A commencer par lui-même.

Ce qui m'intéresse ici, ce sont ces trois dimensions de victime, de persécuteur et de sauveur. Oublions le triangle et considérons plutôt ces trois notions comme les axes d'un repère orthogonal tridimensionnel.

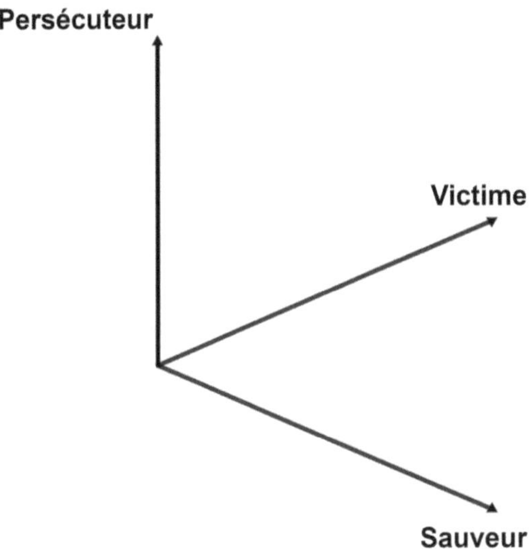

Dans le jeu que décrit Stephen, il nous explique que chacun des acteurs du drame[4] qui se joue peut, tour à tour, tenir chacun des trois rôles.

---

[4] Le triangle de Karpman est aussi appelé le triangle dramatique.

Je fais ici l'hypothèse un peu différente que chacun d'entre nous peut être, simultanément, victime, persécuteur et sauveur. J'imagine donc qu'il existe un repère orthonormé qui nous permettrait à chaque instant de nous situer dans l'espace dramatique.

Ce raisonnement ne peut réellement tenir qu'à la condition d'accepter l'idée qu'il est possible de mesurer l'intensité dramatique de victime, de persécuteur et de sauveur pour chacun.

Posons-nous alors ces quelques questions :

- Si nous nous faisons violemment agresser dans la rue, sommes-nous plus victime que si, lors d'un repas en famille, nous sommes les seuls à ne pas avoir eu de dessert ? Il me semble que oui.
- Si lors du même repas de famille, quelqu'un nous propose de partager sa part de dessert avec lui, est-il plus sauveur que ne l'a été Oskar Schindler lorsqu'il a activement contribué à la survie de plus d'un millier de personnes durant la Seconde Guerre mondiale ? Il me semble que non.
- Jean-Pierre, qui terrorise les trois collègues de son service, est-il plus persécuteur que Pol Pot, impliqué dans la mort de 1,7 millions de personnes

lors du génocide cambodgien ? Il me semble que non.

Il est donc vraisemblable qu'il existe une hiérarchie ou une intensité dans les statuts de victime, de sauveur ou de persécuteur et par conséquent, la possibilité d'une mesure.

Nous voici donc en présence d'une géométrie du drame.

De nombreuses questions se posent alors.

Par exemple :

- Dans quelle unité pourrions-nous effectuer une mesure d'intensité dramatique ? Je pencherais volontiers pour le mètre, mais j'y reviendrai ultérieurement. Nous pourrions aussi inventer une unité dédiée à cela. Je proposerais alors le « bakulo », notée bkl[5].
- L'unité de mesure, peut-elle être identique sur l'axe victime, sur l'axe sauveur et sur l'axe persécuteur ? Je propose d'accepter ce postulat.

____

[5] Cf. Isaac Patraque – La constante de Kuhn – Editions BoD

- Comment, pratiquement, effectuer le relevé d'une intensité en bakulos ou en mètres dans l'espace dramatique ?

- Peut-on positionner des objets sociaux dans l'espace dramatique ? Des familles, des entreprises, des groupes d'amis, des pays, des groupes Facebook, etc.

- Ces objets sociaux, ont-ils parfois des formes similaires à celles que nous avons tous étudiées à l'école, en géométrie euclidienne ? Des triangles, des parallélépipèdes, des cercles, des cubes, des sphères, etc. ?

- Les propriétés des objets positionnés dans la géométrie dramatique sont-elles identiques à celles observées en géométrie Euclidienne ?

Et pour toi Philippe :

- La mesure d'intensité de la domination, ne serait-elle pas simplement la distance entre deux points situés sur une même droite de l'espace dramatique ? Ce pourrait aussi, être la mesure de la projection du segment ainsi constitué dans le plan victime, persécuteur par exemple.

- La domination a-t-elle une orientation naturelle ou est-ce que la mesure de son intensité est neutre[6] ? Autrement dit, est-ce toujours le persécuteur qui domine la victime ?

Pour ceux qui se souviennent de leurs cours de mathématiques au lycée, le sens pourrait aussi être donné par la pente de la droite citée précédemment.

Voilà donc largement de quoi nous agiter les neurones.

---

[6] Ce serait dans ce cas, une valeur non signée.

Recueil de géométries

La représentation triple de Karpman est loin d'être un cas unique en psychologie ou en sociologie.

L'ennéagramme, par exemple, qui a pour objet l'étude du profil égotique des personnes, reconnaît à chaque individu trois formes d'intelligence qu'elle dénomme centre instinctif[7], centre émotionnel et centre mental.

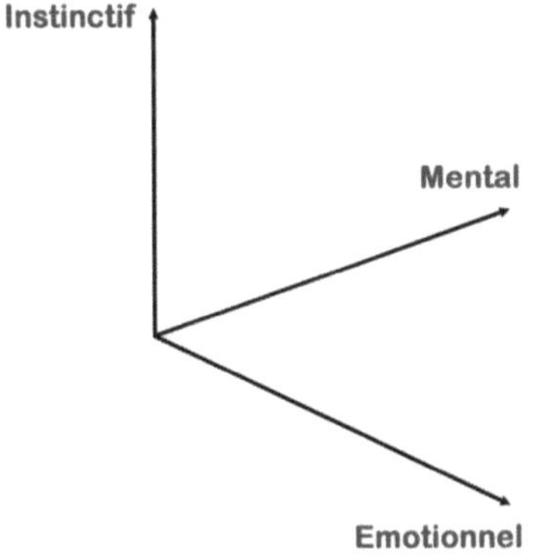

---

[7] Ou centre physique

Si, à la façon de notre jeu avec Stephen, nous détournons les centres de l'ennéagramme en axes, nous faisons naître un espace de l'intelligence dans lequel chacun d'entre nous peut venir se positionner.

Bien entendu, les questions qui se posaient pour l'espace dramatique de Karpman, restent valables pour l'espace de l'intelligence issu de l'ennéagramme.

- Quelle unité utiliser pour graduer les échelles de l'instinct, de l'émotion ou du mental ?
- Comment effectuer les mesures ?
- Peut-on identifier des objets sociaux dans l'espace de l'intelligence ?
- Les propriétés observées sur les objets de l'espace euclidien ont-elles des points communs avec les propriétés d'éventuels objets de l'espace de l'intelligence ?

Mais poursuivons notre jeu.

L'ennéagramme identifie neuf types de personnalités ou ennéatypes. Chaque ennéatype s'oriente préférentiellement vers l'un des centres de l'intelligence.

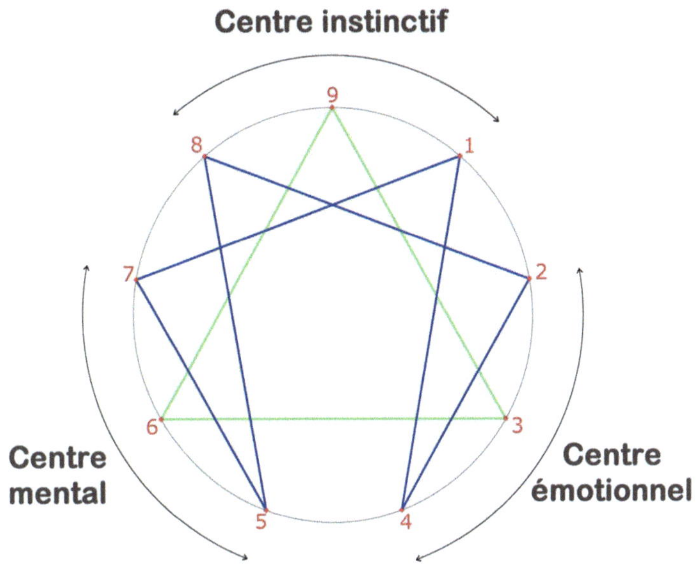

Les ennéatypes 1, 8, 9 ont une préférence pour le centre instinctif, les ennéatypes 2, 3 et 4 ont une préférence pour le centre émotionnel et les ennéatypes 5, 6 et 7 ont une préférence pour le centre mental. Nous pouvons donc imaginer la naissance de trois nouveaux espaces.

- Un espace de l'instinct
- Un espace émotionnel
- Un espace mental

Espace de l'instinct

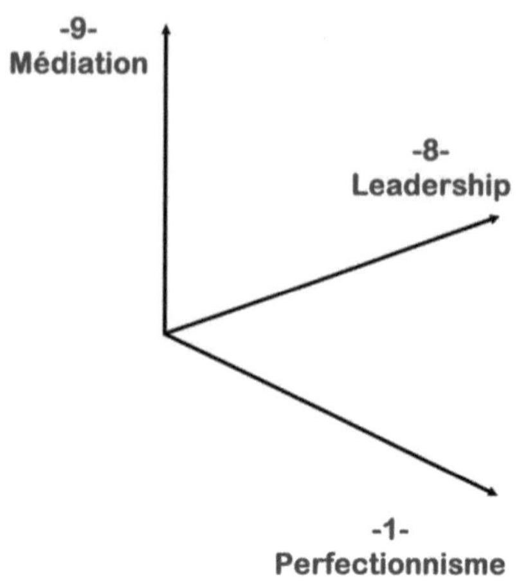

Espace émotionnel

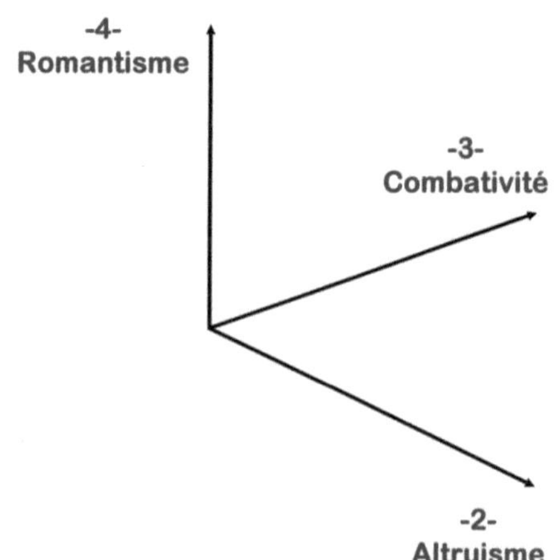

Espace mental

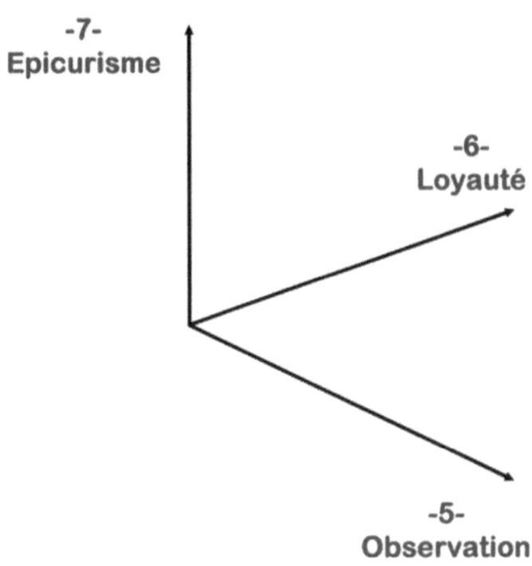

Avec encore les mêmes questions.

- Quelle unité ?

- Quels outils de mesure ?

- Quels objets sociaux ?

- Quelles propriétés dans l'espace ?

Et enfin, pour les joueurs, l'ennéagramme nous autorise encore quelques fantaisies, puisque cette discipline nous donne la possibilité d'imaginer neuf nouveaux espaces, soit un par ennéatype.

L'espace de l'altruisme par exemple :

-2- Espace de l'altruisme

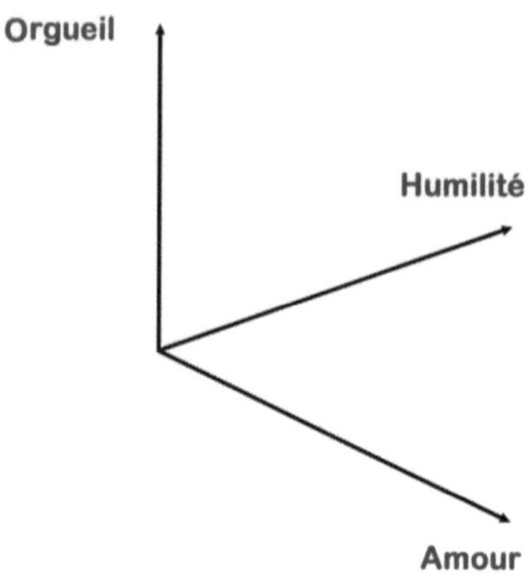

Avec toujours les mêmes questions.

<u>Nota bene</u>

A tous ceux qui ont détesté leurs cours de physique et de mathématiques pendant leur scolarité, je propose que nous nous retrouvions dans une trentaine de pages, au chapitre intitulé « L'âme lourde de Cyrano ».

Euclide, Descartes et la géométrie

Mercredi, 19 février 2020

Un point.

C'est tout ?

Non, ce n'est pas tout. Un second point aussi.

Relions ces deux points et nous voici en présence d'un segment. Ce segment peut être prolongé en une droite. Il peut aussi être utilisé avec l'un des points précédemment cités pour tracer un cercle. Voilà alors, que se matérialise une surface qui, elle-même, s'inscrit dans un plan. Si dans ce plan, nous identifions un troisième point, une seule parallèle à la première droite passe par celui-ci[8]. Et si enfin, nous constatons dans l'absolu que tous les angles dits « droits » sont identiques, nous avons, peu ou prou, décrit en cent-dix-huit mots les postulats d'Euclide qui sont à l'origine de vingt-trois siècles de géométrie.

Veuillez m'excuser, j'ai été un peu bavard.

---

[8] Ce n'est d'ailleurs pas uniquement vrai dans un plan.

Trois siècles avant notre ère, le roi Ptolémée 1er, l'un des héritiers d'Alexandre le Grand, installe sa capitale en Egypte, à Alexandrie. Il décide d'en faire un haut-lieu culturel. C'est dans ce contexte qu'il fait venir à lui Euclide, un mathématicien reconnu de la Grèce antique. Ce dernier entreprend alors de réunir les connaissances de son époque, en géométrie et en arithmétique, dans une série de treize ouvrages intitulés « Eléments ».

Le premier des treize volumes définit les notions de point, de segment et de droite et se poursuit par les quelques axiomes que je viens d'évoquer. Ceux-ci constituent le socle de départ de nombreux raisonnements qui sont ensuite développés par l'auteur. Celui qui démontre, par exemple, le théorème de Pythagore dont beaucoup d'entre nous ont entendu parler à l'école.

Souvenez-vous.

Cela traite du rapport des longueurs dans un triangle rectangle.

$$a^2 + b^2 = c^2$$

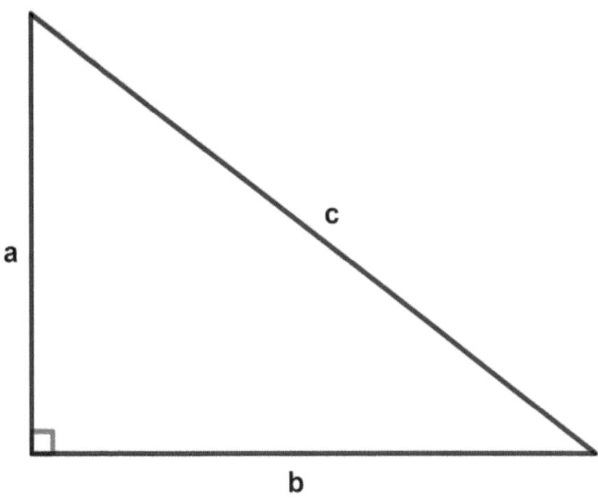

Euclide était loin d'être le premier à jouer de la géométrie. Elle avait déjà été pratiquée pendant au moins trois millénaires par les Égyptiens et les Babyloniens avant sa naissance. Et même dans la Grèce antique, la spécialité n'était pas récente. Pythagore, qui s'est invité dans ce chapitre, avait vécu deux cents ans avant l'écriture des Eléments. Et Thalès, une autre grande figure des manuels scolaires des collégiens contemporains, encore cinquante ans plus tôt.

La démarche d'Euclide a été de poser quelques postulats, de décrire les surfaces et volumes les plus courants, puis de démontrer ou de redémontrer leurs propriétés pour enfin, tout archiver par écrit. C'est notamment ainsi qu'il a procédé avec le théorème de Pythagore.

A cette époque, d'autres sciences avaient le vent en poupe. La philosophie, la musique[9], l'astronomie, la géographie. La rationalisation de la géométrie et des mathématiques initiée par Euclide a engendré une rationalisation des sciences dans leur ensemble. Dès lors, les relevés de topographie ou le déplacement des planètes ont été étudiés avec les outils d'un corpus géométrique commun. La physique et la mécanique se sont peu à peu imposées comme des disciplines à part entière. Eratosthène, Apollonius, Archimède et bien d'autres encore, ont fait progresser nos connaissances de façon significative en quelques décennies.

L'astronomie a ceci de particulier qu'elle s'attache à comprendre le déplacement des astres plutôt que les propriétés de corps immobiles. Les énigmes les plus évidentes qui se sont imposées à nous, étaient liées au déplacement dans le ciel, de la Lune, du Soleil puis de quelques étoiles et de quelques planètes de notre

---

[9] Oui, oui.

système solaire. De nombreuses civilisations se sont intéressées à ces sujets, et cela, probablement depuis l'époque du néolithique, alors que l'écriture n'avait pas encore fait son apparition sur la Terre.

Pour mesurer le déplacement des astres, l'astronome a besoin d'un point de référence. Et lorsqu'il s'agit d'évaluer des trajectoires dans notre système solaire, le repère le plus pratique est évidemment le centre du Soleil. Avant la naissance d'Euclide, quelques penseurs avaient compris cela - Philolaos de Crotone était l'un d'entre eux. Dans les années qui ont suivi l'écriture des Eléments, certains scientifiques, tels Aristarque de Samos, ont tenté des modélisations géométriques sur cette hypothèse. Mais ils ne sont pas parvenus à imposer leurs points de vue et c'est le centre de la Terre qui a été retenu comme référentiel d'étude principal. Il a donc fallu attendre les arrivées de Copernic, Galilée, Kepler ou Newton pour que les travaux de compréhension du mouvement des corps puissent reprendre sur des bases simplifiées.

Une fausse route de dix-huit siècles au cours de laquelle une myriade de grands esprits se sont brûlé les neurones à travailler sur des modèles mathématiques et géométriques complexes, tous plus approximatifs les uns que les autres. Dommage !

Au XVIIe siècle, René Descartes invente un nouvel outil pour matérialiser les coordonnées de figures géométriques planes ; le repère cartésien. Il s'agit de définir un point d'origine, ainsi que deux axes qui se croisent perpendiculairement sur ce point d'origine. Les deux axes, x et y, sont gradués ce qui permet de définir des coordonnées cartésiennes pour un ou plusieurs points de la surface ainsi constituée.

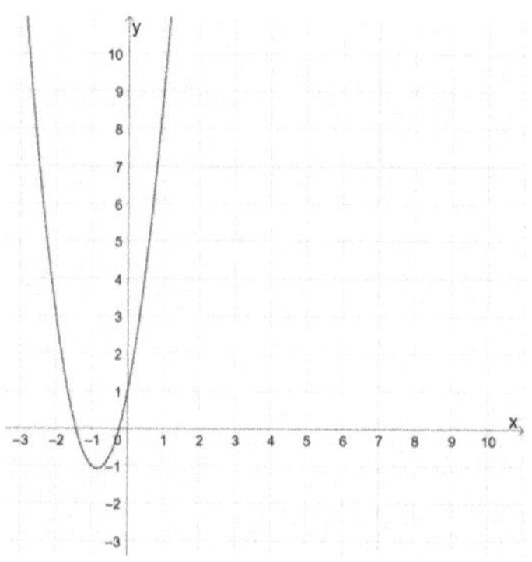

Cette idée donnera rapidement naissance à la géométrie analytique dont le principe est de pouvoir définir une droite ou une courbe, dans le plan constitué par les axes x et y, en exprimant la valeur de y par rapport aux valeurs possibles de x. Par exemple :

$$y = 3x^2 + 5x + 1$$

Avec un troisième axe, le repère cartésien fonctionne tout aussi bien. Et il permet de modéliser un espace.

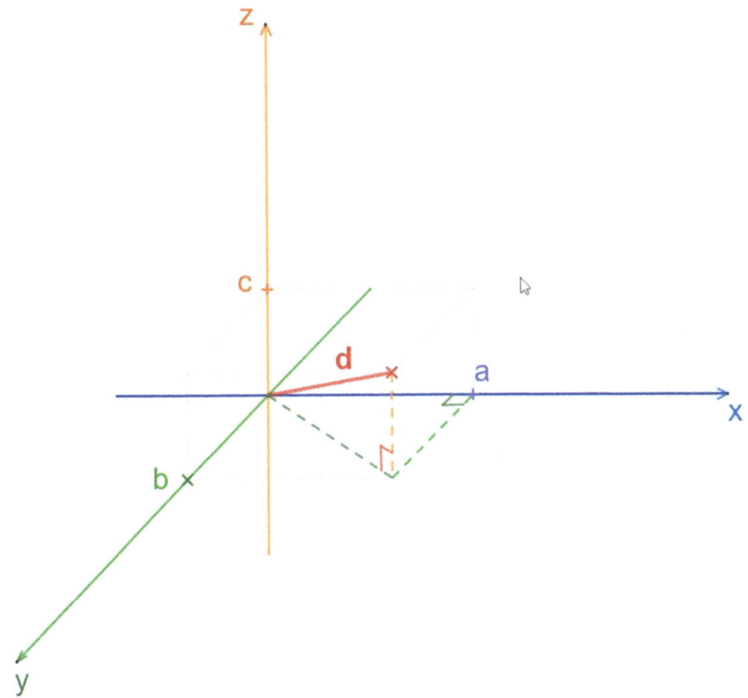

Dans cet espace, les règles de la géométrie euclidienne continuent de s'appliquer.

Ainsi, pour un point situé aux coordonnées (a,b,c), il est assez aisé de déterminer, en appliquant à deux reprises le théorème de Pythagore, que, si d est la distance qui sépare le point de coordonnées (a,b,c) de l'origine du repère cartésien (0,0,0), alors :

$$d^2 = a^2 + b^2 + c^2$$

Vous aurez remarqué que je n'ai mentionné ni nombre, ni unité de mesure dans ce dernier exemple. Et c'est là que se trouve la beauté de la géométrie ou des mathématiques. Dans ces disciplines, il est possible de poser des raisonnements abstraits, sans se baser nécessairement sur des situations existantes.

Dans mon espace cartésien, je peux déposer des points, des lignes, des surfaces, des volumes, des courbes, puis réaliser des calculs divers et variés. Et ces calculs pourront ensuite me servir à évaluer la circonférence ou la surface d'un champ, le contenu d'une citerne, la position d'une planète, l'accroissement d'une population.

Alors pourquoi ne pas les utiliser pour déterminer l'intensité d'une émotion, le volume d'une personnalité, celui d'un courant de pensée ou l'épicentre de la colère d'un individu ? Parce que nous manquons d'instruments de mesure ou de comparaison me direz-vous. Ou parce que nous ne saurions pas vérifier la fiabilité de nos calculs.

Peut-être...

Mais alors, devons-nous renoncer définitivement à utiliser ces outils en appui des sciences sociales ?

Je ne le crois pas.

Et le Soleil attend[10]

Mardi, 25 février 2020

Les enfants ressentent assez jeunes que le rapport au temps a quelque chose à voir avec la Lune, le Soleil, les étoiles, l'obscurité et la lumière. Est-ce parce que nous le leur enseignons ou est-ce simplement si flagrant que chacun finit par percevoir cette corrélation ? Peu importe. En tous les cas, il me semble assez naturel de regarder vers le ciel pour comprendre ce que signifie l'écoulement du temps.

Scruter le firmament était l'une des activités à laquelle s'adonnait Johannes Kepler[11], au cœur du Saint-Empire Romain Germanique, à l'aube du XVIIe siècle. Adepte de l'héliocentrisme, remis au goût du jour par Copernic cent ans auparavant, il se donne comme objectif de dénombrer les planètes du système solaire et d'évaluer leur distance au Soleil ainsi que leur vitesse.

---

[10] Le soleil et la lune, Charles Trenet, 1939
[11] En réalité, sa vue était très mauvaise et ses travaux étaient basés sur les observations et les mesures que d'autres personnes réalisaient ; notamment celles de Tycho Brahe, un astronome danois dont il était l'assistant.

Ses travaux lui permettent de découvrir que les planètes cheminent autour du Soleil selon une trajectoire elliptique. Il comprend aussi de quelle façon, celles-ci orbitent plus rapidement lorsqu'elles se rapprochent de leur étoile que lorsqu'elles s'en éloignent.

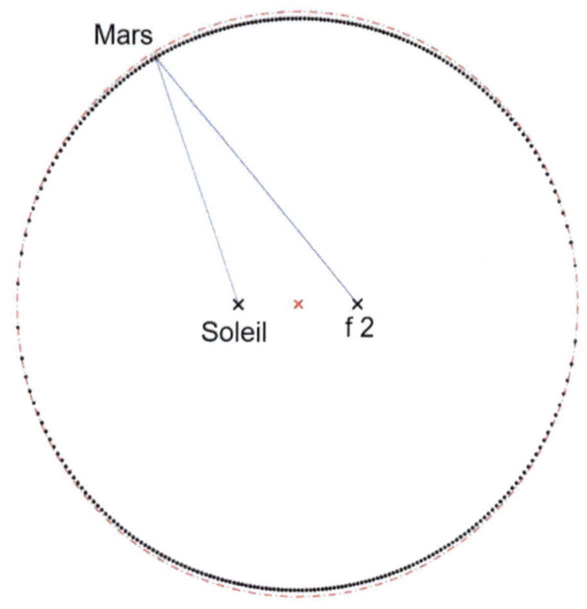

Il réalise enfin que la période de révolution d'une planète autour du Soleil est corrélée avec la distance maximale de celle-ci au centre de l'ellipse orbitale. Ainsi, pour toutes les planètes du système solaire, si 'P' est la période de révolution autour du Soleil et 'a' la distance maximale au centre de l'ellipse, le rapport

$$\frac{a^3}{P^2}$$

aboutit toujours à un résultat identique.

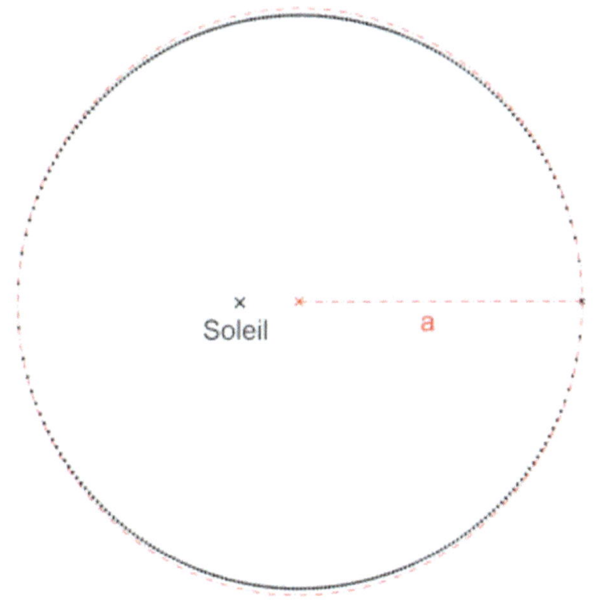

Des travaux de Kepler, Isaac Newton déduira à la fin du XVIIe siècle, l'existence d'une force gravitationnelle à laquelle tous les astres sont soumis. Par sa théorie de la gravitation universelle, il démontrera aussi que tous les corps, toutes les masses s'attirent entre elles.

Pourrions-nous envisager que les règles de la mécanique newtonienne, qui sont à l'origine de quatre siècles de progrès scientifiques et technologiques, s'appliqueraient de façon identique pour les corps et pour les âmes ?

Pour envoyer une fusée dans l'espace par exemple, il faut fournir une énergie considérable afin de permettre à l'engin d'échapper à la gravité terrestre. Mais de quelle énergie Nicolas Copernic a-t-il eu besoin pour échapper à l'idée que la Terre était le centre de l'univers ? Et de quelle énergie a-t-on besoin pour échapper à ce que les psychologues appellent, nos croyances limitantes ?

N'y a-t-il pas quelques analogies à trouver entre la force de gravitation universelle de Newton et la force de nos cultures, de nos éducations, de nos croyances ou des pressions sociales que nous subissons et qui souvent nous « clouent au sol » ?

Mais revenons-en un instant à l'écoulement du temps. Pour nous, terriens, le temps est rythmé par les jours et par les nuits, par les saisons et par les années ou alors par la Lune et par les marées. Et tout ceci a quelque chose à voir avec la rotation de la Terre sur elle-même, la rotation de la Terre autour du Soleil, la rotation de la Lune autour de la Terre.

Dans les raisonnements de Descartes, de Kepler ou de Newton, le temps et les distances sont des dimensions étalons, exprimés dans des unités normées. Mais nous savons depuis Einstein qu'à l'échelle du cosmos, nous devons considérer que le temps et l'espace sont des notions relatives et déformables. Sa théorie de la relativité restreinte énoncée en 1905, nous explique que dans un référentiel donné, quelqu'un « d'immobile » n'obtiendra pas les mêmes mesures du temps et des distances que quelqu'un qui se déplace à très grande vitesse[12]. Son raisonnement s'appuie sur une découverte accidentelle de deux scientifiques américains, Albert Abraham Michelson et Edward Morley, dans les années 1880 : La vitesse de la lumière dans l'espace est constante quel que soit le référentiel à partir duquel on la mesure. Autrement dit, la vitesse que vous mesurez

---

[12] A très, très, très grande vitesse.

sera identique que vous vous dirigez vers la source de lumière ou que vous vous déplaciez dans une direction opposée à celle-ci.

Peu après la publication d'Einstein, Henri Poincaré puis Hermann Minkowski, deux physiciens, remettent au goût du jour la notion d'espace-temps, née au XVIIIe siècle des travaux de Jean d'Alembert. L'idée générale est de dédier l'un des axes d'un repère cartésien à la représentation de l'écoulement du temps.

Si, par exemple, on représente la trajectoire de l'extrémité de la trotteuse d'une horloge dans un plan, on obtient un cercle.

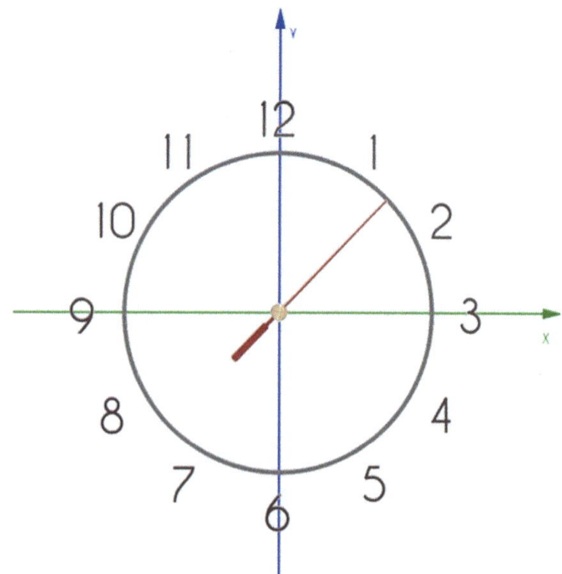

Mais si l'on ajoute à ce plan, un troisième axe qui représente le temps qui s'écoule, on obtient une courbe en forme d'hélice circulaire.

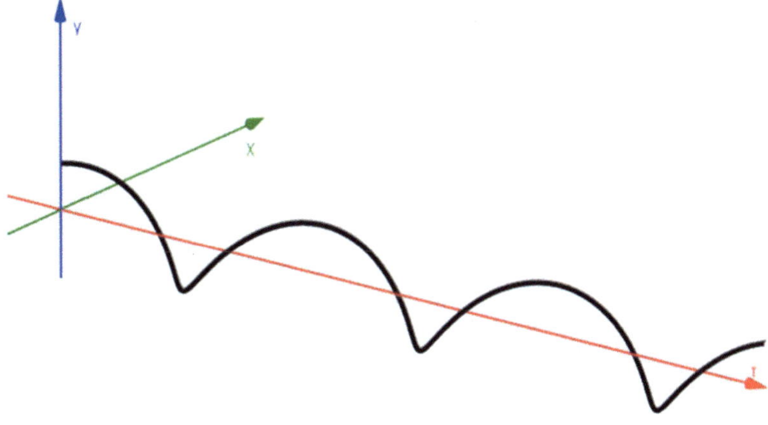

Poincaré et Minkowski proposent une géométrie à quatre axes ; les trois axes d'un repère euclidien, qui permettent la représentation et la mesure de tout type de volume, auxquels vient s'ajouter un quatrième axe de représentation du temps[13].

Dans l'espace-temps, un objet qui nous apparaît habituellement immobile est en mouvement constant

____

[13] Il est bien entendu difficile de représenter un tel espace sur la page d'un livre.

sur l'axe du temps. Toute la matière d'ailleurs est en mouvement sur cet axe.

Minkowski émet l'hypothèse que le temps peut se mesurer dans des unités identiques à celles que l'on utilise pour les distances. Il propose de multiplier chaque seconde de l'axe du temps par une constante, égale à la vitesse de la lumière, soit environ 300 000 km/s. Cet artifice lui permet d'exprimer les durées en kilomètres. Ainsi, dans l'espace-temps, un corps qui nous apparaît immobile dans notre espace euclidien, « recule » de 300 000 km sur l'axe du temps à chaque seconde écoulée.

Vous souvenez-vous du théorème de Pythagore qui permet de déterminer la longueur de l'hypoténuse d'un triangle rectangle ? Vous souvenez-vous que, par sa double application, nous pouvons calculer la distance entre deux points d'un espace tridimensionnel euclidien ? Eh bien, ce théorème trouve lui aussi une application dans l'espace-temps.

Considérons, par exemple, deux axes de l'espace-temps ; l'axe x et l'axe du temps. Lorsqu'un corps se déplace d'un point à un autre de l'axe x, il se déplace aussi nécessairement sur l'axe du temps.

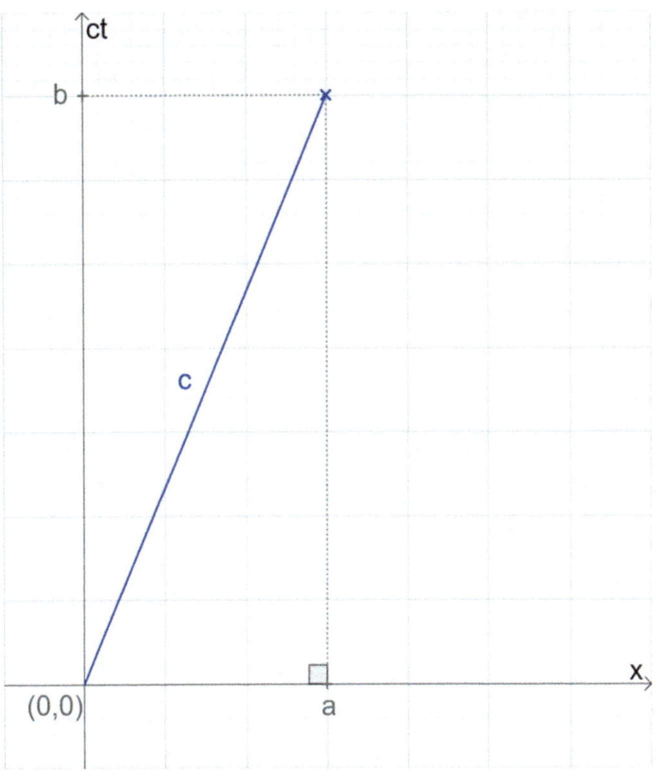

Le théorème de Pythagore dans un plan euclidien se traduirait par la relation suivante :

$$c^2 = a^2 + b^2$$

Dans notre plan de l'espace-temps, la relation reste exacte, mais avec une caractéristique qui est que b^2 est une valeur négative :

$$b^2 = -C^2 t^2$$

C représentant la vitesse de la lumière dans le vide, soit environ 300 000 km/s, et t le temps exprimé en secondes.

Dans l'espace-temps, la diagonale d'un triangle rectangle est donc plus « courte » que sa composante temporelle[14]. En revanche, la distance mesurée entre deux points de cet espace ne dépend plus de la vitesse à laquelle se déplace celui qui mesure. Dans l'espace de Minkowski, la relativité restreinte n'a plus cours.

Pour y mesurer la distance d, qui sépare un point (x, y, z, t) à l'origine (0, 0, 0, 0), il faut appliquer la formule suivante :

$$d^2 = x^2 + y^2 + z^2 - C^2 t^2$$

Compte tenu du fait que nous ne nous déplaçons jamais à des vitesses voisines de 300 000 km/s, nous ne pouvons percevoir la relativité du temps [15]. Cependant, les satellites que nous envoyons autour de notre planète peuvent orbiter à une altitude de plusieurs dizaines de milliers de kilomètres et se déplacer à près de 10 km/s, ce qui n'est plus tout à fait négligeable par rapport à la

---

[14] Ce que ne reflète pas, bien entendu le schéma précédent
[15] Ou de l'espace d'ailleurs.

célérité de la lumière. C'est pourquoi, pour que nos GPS soient tout à fait fiables, il est nécessaire que ces engins effectuent leurs mesures dans l'espace-temps plutôt que dans l'espace euclidien. Et c'est bien ce qu'ils font.

Albert Einstein n'était pas totalement en accord avec le principe de gravitation universelle proposé par Isaac Newton. Certes, la théorie du scientifique anglais avait permis de découvrir en 1846, la planète Neptune, par un calcul théorique. Certes, elle permettait aussi de décrire la trajectoire de toutes les autres planètes du système solaire. Mais pour le calcul de l'orbite de Mercure, la planète la plus proche de notre étoile, elle se révélait imprécise.

Et cela, ça devait le perturber l'Albert.

En 1915, il publie la théorie de la relativité générale qui avalise la géométrie de l'espace-temps et qui considère que les masses, les planètes par exemple, courbent cette géométrie.

Pour lui, tous les corps en mouvement dans le cosmos se déplacent toujours sur des lignes droites de l'espace-temps. La Lune ne tourne pas autour de la Terre et les planètes de notre système solaire ne tournent pas autour de leur étoile. Dans le modèle qu'il propose, les corps ne s'attirent pas et la force gravitationnelle n'existe pas. Mais comme les masses courbent l'espace-temps, les lignes droites qui filent à leur proximité finissent par devenir des lignes droites « elliptiques » qui ressemblent à s'y méprendre à des trajectoires orbitales.

De fait, les calculs issus de la théorie de la relativité générale permettent de prédire la trajectoire exacte des planètes de notre système solaire. Et ces calculs valent aussi pour anticiper parfaitement l'orbite de Mercure.

L'âme lourde de Cyrano[16]

Jeudi, 5 mars 2020

Après ce petit interlude géométrique, déclinons à nouveau notre question initiale.

Existe-t-il, comme pour les corps, un espace, euclidien ou minkowskien, des esprits ?

Existe-t-il un univers, un cosmos, des galaxies, des systèmes solaires, des astres, dans lesquels la matière serait constituée d'esprit ?

Existe-t-il une loi de la gravitation universelle qui s'appliquerait aux âmes ?

Ces mêmes âmes, seraient-elles capables de courber l'espace-temps ?

Pour Newton, c'est bien sur les masses que s'applique la force de gravitation universelle. Et pour Einstein, ce sont ces mêmes masses qui provoquent la courbure de l'espace-temps.

---

[16] Cyrano de Bergerac, acte 5, Edmond Rostand, 1897

Admettre que les lois de la physique s'appliquent aussi bien aux corps qu'aux esprits reviendrait-il à estimer que lesdits esprits possèdent une masse ?

Toutes ces questions peuvent paraître saugrenues.

Et pourtant…

Un peu d'esprit

Mercredi, 11 mars 2020

L'âme, la conscience, l'esprit.

Comment définir ces notions ?

Quel est le siège de ma conscience[17] ?

Mon cerveau et plus largement mon système nerveux dans son ensemble, me paraît être un bon candidat. Il réceptionne, relaie et exploite les stimuli captés par mes sens. Il mémorise mes apprentissages, il contrôle mes mouvements. Il est à la source de mes pensées, de mes envies, de mes pulsions, de mes émotions, de mes réflexes, de mes raisonnements, de mes choix, de mes rêves.

Nous savons, depuis quelques années maintenant, que le cerveau n'est pas un organe statique. Lorsque nous apprenons, par exemple, sa géométrie évolue. A cette

____

[17] Appelons-la ainsi

occasion, des synapses [18] apparaissent, d'autres changent de volume et les connections entre nos neurones sont modifiées. Tout au long de notre existence, nos réflexes s'acquièrent ou se perdent, nos connaissances s'accumulent et parfois s'effacent, nos valeurs s'implémentent et évoluent ; et tout cela a des conséquences plastiques sur la forme et sur l'organisation de notre système nerveux.

A mesure que notre esprit chemine, notre cerveau se transforme. Peut-être aussi est-ce le contraire et qu'à mesure que notre cerveau se transforme, notre esprit chemine.

De récentes recherches laissent penser que chacun d'entre-nous peut potentiellement stocker jusqu'à 1 pétaoctet de données, soit 10^{15} octets[19].

Mais que représente cette quantité ?

---

[18] Zones de contact entre les neurones par lesquels transite les transmetteurs qui véhiculent l'information

[19] Un octet permet d'identifier une lettre ou un chiffre par exemple

Disons que pour saturer une telle mémoire, il faudrait être capable de mémoriser un livre de plus de 300 pages toutes les deux secondes, du premier au dernier jour de notre vie. C'est d'autant plus impressionnant que nous oublions beaucoup de choses futiles et que la capacité que nous libérons alors, redevient disponible pour stocker de nouvelles informations.

Si, comme l'écrivait René Descartes au XVIIe siècle, « je pense donc je suis »[20], j'ai le sentiment que celui que je suis est surtout celui que je serai dans l'instant qui advient. Et ce dernier n'est finalement que la résultante de celui que j'ai été jusqu'à l'instant présent. Mes connaissances, mes réflexes, mes valeurs, tout est inscrit dans ma gigantesque mémoire ; mes apprentissages d'une part, mais aussi ce que je m'apprête à en faire.

Ce qui est fascinant avec notre cerveau, c'est qu'il semble capable de traiter l'information avant de la mémoriser. Par exemple, il pourrait, sur le constat que le facteur vient de déposer du courrier dans notre boîte aux lettres, déduire, en corrélant cet événement avec d'autres éléments déjà connus, que la librairie vient

---

[20] « Cogito, ergo sum », *Le discours de la méthode, 1637*

d'ouvrir ses portes. En définitive, il pourrait d'ailleurs ne retenir que cette dernière information. Car accorder plus ou moins d'importance à une information reçue est un autre des traitements potentiels appliqué par le cerveau lors du processus de mémorisation.

Comment est fait ce choix ?

Cela reste pour moi un mystère. Tout comme d'ailleurs sont des mystères, les mécanismes qui orientent nos actes, nos jugements, nos croyances, nos ambitions, nos choix, nos pulsions ou nos rêves. En permanence, les informations que nous collectons sont passées au crible de ces mécanismes et viennent ou non les renforcer.

Imaginons, par exemple, que dans ma tendre enfance, mes parents m'aient enseigné que la planète Terre avait la forme d'un disque. J'aurais, pendant quelques années, grandi dans un milieu où chaque individu, ma mère, mon père, mes sœurs et mes frères, les amis de la famille, peut-être, partageaient cette croyance. De temps à autre, quelques conversations, afférant directement ou non à ce sujet, seraient venues renforcer ma certitude. Peut-être aurais-je rapidement oublié chacune de ces conversations, mais à chaque fois, ma conviction que la Terre était plate, se serait consolidée dans ma mémoire. Et puis un jour, un camarade serait venu contredire ma croyance en affirmant que la Terre avait la forme d'un ballon. Dans un premier temps, je n'aurais pas fait grand cas de cette hérésie et j'aurais probablement classé l'affaire sans suite. Mais plus tard, mon institutrice aurait confirmé les affirmations de mon camarade au cours d'une leçon. Devant le statut de sachant de mon enseignante, devant l'acceptation généralisée de cet apprentissage par mes camarades de classe, ma vérité aurait probablement peu à peu vacillé, pour finalement définitivement basculer vers une croyance différente.

Cette courte parabole a pour objet d'illustrer deux phénomènes :

- Nos croyances et nos valeurs s'alimentent de toute information qui vise à les renforcer ; un peu comme si ces informations étaient attirées par une force gravitationnelle ou, dans une interprétation plus einsteinienne, par une courbure de l'espace-temps.

- Les objets sociaux, tels que l'école, les religions, les états ou les marques, pour ne citer que ceux-là, ont la capacité de modifier nos croyances et nos valeurs, à la condition que leur « masse apparente » soit suffisamment importante dans notre perception de leur identité. Ainsi, l'Education Nationale, l'Eglise catholique, la France ou Amazon, par exemple, ont une influence certaine sur l'organisation de nos neurones et sur la géométrie de nos cerveaux.

Coronavirus

Mercredi, 1er avril 2020

A l'heure où j'écris ces lignes, je suis confiné chez moi depuis 15 jours en compagnie de mon épouse et de mes trois enfants. Une épidémie de Covid-19 se répand sur le globe depuis le mois de novembre dernier et actuellement, plus de 3 milliards de personnes sont soumises au même régime d'isolement que le nôtre.

Bien que l'éventualité d'une situation sanitaire de cette ampleur soit, semble-t-il, connue depuis longtemps des dirigeants du monde, presqu'aucun pays ne semble être prêt à affronter cette crise. Des gens meurent et partout, les services d'urgence médicale sont débordés. Sur la planète, toutes les économies fonctionnent au ralenti. Comme la plupart de mes compatriotes, je m'informe de l'évolution de la pandémie par le biais de l'internet ou quelquefois de la télévision.

Beaucoup de gens s'expriment sur les réseaux sociaux. Leurs premières réactions sont très révélatrices des valeurs profondes qu'ils portent. Etonnamment, ces valeurs sont quelquefois assez différentes de celles qu'ils revendiquent habituellement.

- Les premiers jours, de nombreuses personnes se sont offusquées de la privation de liberté qu'elles subissaient du fait de la forte perturbation dans les transports et les services ou de l'obligation de confinement qu'elles se voyaient imposer.

- Très vite, d'autres les ont rappelées à l'ordre en invoquant l'intérêt général et en insistant sur l'absolue nécessité de suivre des règles bénéfiques à tous. Certains aussi, ont évoqué la nécessité de bien penser à sanctionner ceux qui avaient mis la communauté en danger par leur manque d'anticipation.

- Ailleurs, a émergé un discours appelant à ne pas se laisser impressionner par la maladie, à déjouer les complots, et même à accepter la disparition des plus faibles.

- Parfois, quelques individus ont fait état de leur conviction de la manifestation d'une colère divine destinée à nous punir de quelque péché que nous aurions commis.

- Enfin, d'autres personnes ont vu dans cette crise l'opportunité de l'émergence d'un monde qu'ils appellent de leurs vœux. Un monde qu'ils voudraient plus juste, plus propre, moins destructeur et plus collégial.

Nous retrouvons dans ce panel de réactions, peu ou prou, la manifestation des « niveaux d'existence » utilisés par les adeptes de la « Spirale Dynamique »[21].

Je serais bien en peine d'expliquer en détail les tenants et aboutissants de cette discipline mais je vais malgré tout essayer d'en énoncer quelques principes.

L'une des idées est, que nous sommes tous porteurs d'un niveau d'existence général qui détermine notre perception du monde, qui oriente nos croyances et qui influe sur nos priorités.

Tout en admettant l'hypothèse que de nouveaux groupes pourraient à l'avenir apparaître, Clares Graves, le psychologue qui est à l'origine de cette théorie, a identifié huit niveaux d'existence qui peuvent s'acquérir successivement au cours de la vie de chaque individu.

- Niveau 1 - beige

Niveau de la subsistance, de la satisfaction des besoins physiologiques individuels immédiats.

- Niveau 2 - **violet**

Niveau du tribalisme, de la chaleur du groupe autour du feu, mais aussi celui des esprits et de la superstition.

- Niveau 3 - **rouge**

Niveau de l'égocentrisme, de la toute-puissance, de l'impulsivité, de l'individualisme forcené.

- Niveau 4 - **bleu**

Niveau du devoir, de la morale, de l'ordre social, de la croyance en une vérité absolue pour obtenir le salut individuel[22].

- Niveau 5 - **orange**

Niveau du matérialisme, de la recherche du confort et du plaisir, de l'accumulation des richesses, mais aussi celui d'un certain pragmatisme, d'une certaine adaptabilité et de la foi en la science.

- Niveau 6 - **vert**

Niveau de la revendication d'un patrimoine mondial commun à toute l'humanité, celui d'une volonté de collégialité dans les prises de décision, mais aussi celui de l'exploration de notre vie intérieure.

---

[22] On pense ici bien-sûr aux religions mais il est aussi possible de faire référence à des doctrines politiques ou syndicales

- Niveau 7 - jaune

Niveau de la pensée systémique, celui de l'acceptation de la complexité du monde, mais aussi de la prise de conscience de la responsabilité individuelle dans la viabilité de celui-ci.

- Niveau 8 - turquoise

Niveau de la pensée globale, holistique, où tout n'est qu'un élément d'un seul et même organisme.

Notre niveau d'existence conditionne grandement nos comportements, nos jugements et nos choix. Il est aussi très prégnant dans la détermination de ce que sont nos valeurs. Mais il n'a en principe pas de corrélation avec nos capacités cognitives[23].

Le passage à un niveau de conscience ultérieur constitue toujours une révolution intime pour celui qui en est l'objet. C'est un peu comme s'il subissait un rafraîchissement de son petit logiciel de conscience interne. La mise à jour installée reste « compatible » avec

---

[23] Même si Graves a constaté qu'à partir du niveau jaune, la disparition des peurs et la maîtrise des pulsions amplifie grandement les aptitudes à la résolution de problèmes

les anciennes versions. Ainsi, quelqu'un dont le niveau d'existence est bleu comprendra le fonctionnement d'une personne dont le niveau de conscience est rouge. Il pourra même, le cas échéant, utiliser les mêmes codes. En revanche, l'inverse n'est pas vrai. Un individu au niveau rouge ne comprendra pas toutes les attitudes, tous les raisonnements ou toutes les valeurs d'un individu au niveau bleu, orange, vert ou jaune.

Si l'on admet que, dans nos sociétés, tous les niveaux d'existence sont aujourd'hui représentés [24] , on comprend aisément pourquoi la communication entre les individus de notre planète « mondialisée » semble chaque jour un peu plus défaillante. C'est d'ailleurs assez inquiétant dans ce monde dans lequel il est urgent de modifier nos comportements pour assurer notre survie.

Mais cette prise de conscience n'apparaît, en principe, qu'à des niveaux d'existence avancés[25], et comme les principaux dirigeants de la planète plafonnent au bleu,

---

[24] Même si le niveau beige correspond plutôt à un état de la petite enfance et que le niveau turquoise est extrêmement marginal.
[25] Vert et surtout jaune

à l'orange ou au rouge [26], la partie est loin d'être gagnée.

Les psychologues et sociologues, adeptes de la spirale dynamique, ont parfois la tentation d'essayer d'accompagner leurs congénères vers des niveaux d'existence plus avancés. Mais est-ce une bonne chose pour l'humanité, que chacun progresse d'un cran dans la mise à jour de son petit logiciel de conscience personnel.

Pour ma part, je ne le parierai pas.

Mais je m'égare. Revenons à présent à nos préoccupations géométriques.

Et si au lieu d'une spirale, nous imaginions un système solaire avec en son centre une étoile, source de vie, et huit planètes qui orbitent autour de celle-ci [27].

Imaginons encore que la masse de chacune de ces planètes soit différente.

------

[26] D'est en ouest, je vous laisse deviner à qui je pense
[27] Ça devrait vous rappeler quelque chose, je pense.

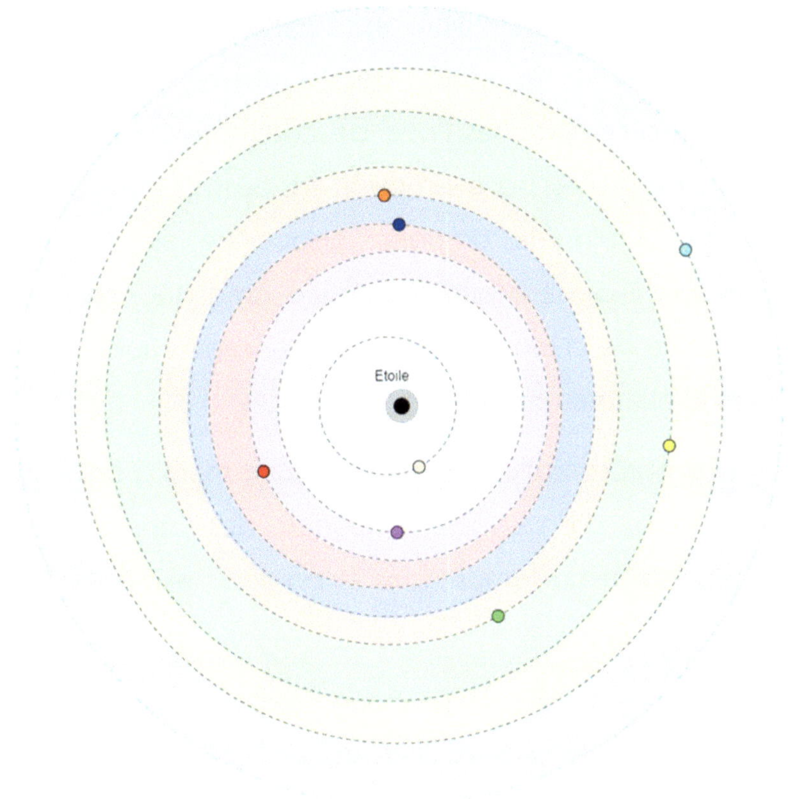

Les individus de ce système solaire débuteraient leur existence à proximité de la planète beige, puis, au cours de leur vie, progresseraient vers d'autres planètes. A l'approche de chaque objet céleste, leur trajectoire existentielle serait impactée.

Dans cette représentation, on imagine assez simplement que, selon les époques, deux planètes peuvent se trouver assez proches l'une de l'autre. Sur le schéma précédent, c'est par exemple le cas de la planète bleue et de la planète orange. Lorsque ce phénomène advient, il devient aisé, pour une âme qui évolue à proximité de la planète bleue, de se diriger rapidement vers la planète orange.

Cette représentation permet, contrairement à celle de la spirale, d'envisager l'influence des masses, des distances et du temps dans le parcours existentiel de chacun.

A ceux qui m'objecteraient que ce n'est pas Graves, je répondrais que ce n'est pas grave.

Kepler, Newton, Einstein ou Minkowski nous ont permis de comprendre les corrélations entre les distances, les masses et le temps. Dans l'hypothèse où leurs travaux seraient exploitables pour la compréhension des âmes, il me semblerait assez naturel de mesurer les distances existentielles en mètres et les masses existentielles en kilogrammes.

N'enterrons pas trop vite le bakulo évoqué lors de notre petit jeu avec Stephen.

A la recherche du bakulo

Dimanche, 5 avril 2020

Nous oublions parfois un peu rapidement que les systèmes de mesure universels ne sont qu'une invention récente de l'humanité. Voici l'extrait d'un article[28] que l'on peut lire sur le site du Réseau National de la Métrologie Française.

« Jusqu'au XVIIIe siècle, il n'existait aucun système de mesure unifié. Malgré les tentatives de Charlemagne et de nombreux rois après lui, visant à réduire le nombre de mesures existantes, la France comptait parmi les pays les plus inventifs et les plus chaotiques dans ce domaine. En 1795, il existait en France plus de sept cents unités de mesure différentes. Nombre d'entre elles étaient empruntées à la morphologie humaine. Leur nom en conservait fréquemment le souvenir : le doigt, la palme, le pied, la coudée, le pas, la brasse, ou encore la toise, dont le nom latin tensa - de brachia - désigne l'étendue des bras. Ces unités de mesures n'étaient pas fixes : elles

---

[28] L'histoire des unités

variaient d'une ville à l'autre, d'une corporation à l'autre, mais aussi selon la nature de l'objet mesuré. »

L'universalité d'un système de mesure passe nécessairement par la reconnaissance, par tous, d'une mesure étalon. Alors quels étalons pourraient être crédibles pour mesurer les distances et les masses existentielles évoquées dans le chapitre précédent ?

Occupons-nous tout d'abord de la mesure des distances.

Qu'y a-t-il d'invariant dans les observations de Clare Graves ? Ceci peut-être.

Le premier niveau d'existence, beige, qui est celui de l'assouvissement des besoins primaires, n'est pratiquement plus représenté dans notre monde contemporain, sauf peut-être chez les nourrissons. Et c'est là sans doute, que réside notre espoir d'identifier une constante existentielle.

Entre 12 et 18 mois, l'enfant acquiert la conscience de lui-même et bascule alors du niveau d'existence primaire, beige, au niveau d'existence tribal, violet.

Mais bien avant cela, au cours de sa vie intra utero, le fœtus acquiert successivement le toucher, l'odorat et le goût, puis l'audition. Et après sa naissance, débute la dernière étape de son processus d'acquisition de la vision. Nous pourrions donc considérer que son système sensoriel devient, après l'accouchement, intégralement opérationnel, ce qui pourrait marquer son entrée dans le premier niveau d'existence de Grave, le niveau beige.

Nous atteignons la planète beige, en moyenne, 268 jours [29], après le tout début de notre existence. Considérons cette valeur comme la constante dimensionnelle que nous recherchons.

Il s'agit d'une durée, pas d'une distance me direz-vous. C'est vrai mais souvenez-vous, Minkowski nous a donné le moyen de convertir une durée en distance, car pour lui, 1 seconde équivaut à environ 300 000 km sur l'axe du temps. Il est par conséquent possible, dans l'espace-temps, de transformer nos 268 jours en mètres. Et nous avons trouvé, là, notre bakulo.

---

[29] Durée de la gestation humaine, de la fécondation à l'accouchement.

$$1 \ bakulo \ =$$

$$(268 \times 24 \times 3\,600) \ secondes \times 299\,792\,458 \ mètres/seconde \ =$$

$$6{,}942 \ \times \ 10^{15} \ mètres$$

Sur la base de ces hypothèses, nous pouvons déduire les éléments suivants :

1- Au jour de notre naissance, le centre de notre étoile a reculé de 1 bkl sur l'axe du temps.

2- Le mètre, le kilomètre ou le bakulo sont des unités de mesures légitimes pour mesurer les distances existentielles.

Les scientifiques considèrent actuellement que la durée de gestation de 268 jours est une valeur médiane et qu'elle peut varier de 37 jours. Une grossesse « normale » peut par conséquent, durer en théorie, de 250,5 à 287,5 jours, soit de 0,93 à 1,07 bakulos.

Notre système solaire existentiel étant matérialisé dans un plan[30], il est possible de le représenter dans l'espace-temps et de retrouver ainsi, la modélisation en spirale de Don Beck et Chris Cowan.

---

[30] Soit sur 2 dimensions

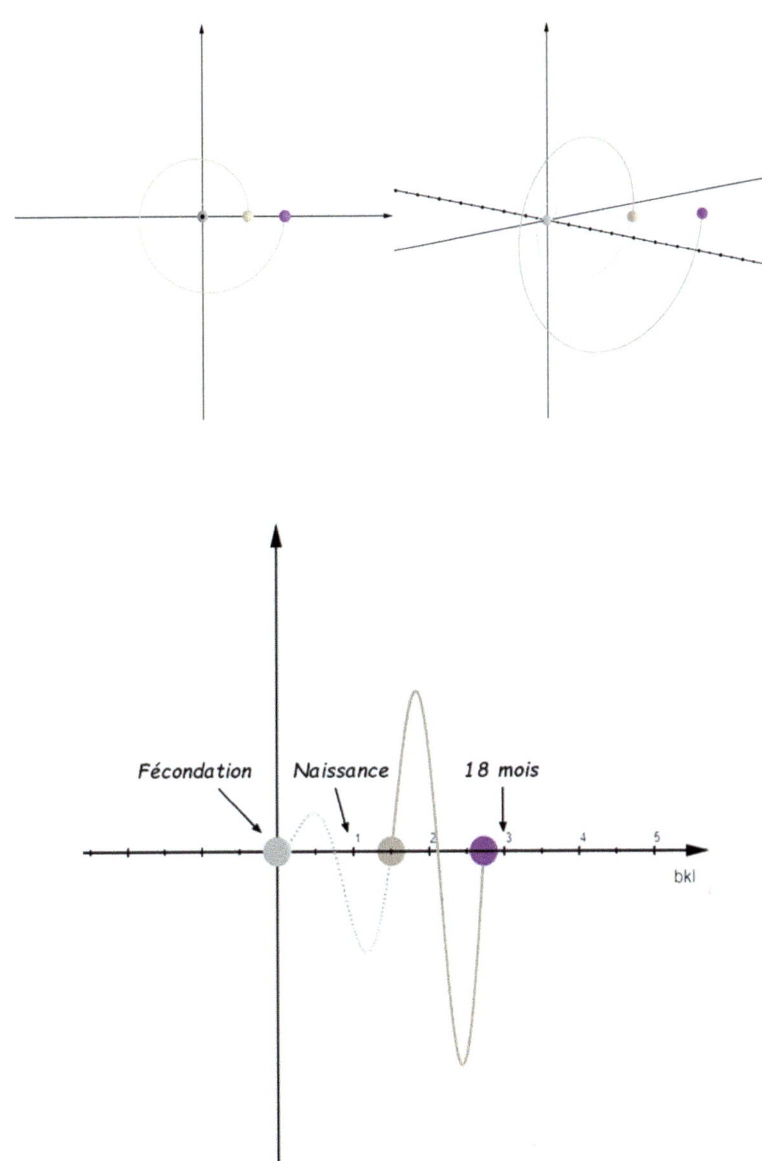

Fécondation
Naissance
18 mois
bkl

Chemin faisant

Samedi, 18 avril 2020

Un hobby récent me conduit à rechercher les constantes qui régissent notre perception de l'univers[31]. J'ai suggéré dans le chapitre précédent, que le temps moyen de gestation de l'être humain pourrait être l'une de ces constantes. Dans un élan de naïveté, je vous ai proposé de transformer cette durée en une distance évaluée en bakulos, ou pour en revenir à une unité qui nous est plus familière, en mètres.

D'autres intervalles de temps pourraient, bien entendu, être retenus comme valeurs étalons.

Parmi eux par exemple, l'écart d'environ 28 jours entre la fécondation et l'apparition du tube neural[32] qui rend possible la construction de notre cerveau et de l'ensemble de notre système nerveux.

---

[31] Cf. Isaac Patraque – La constante de Kuhn – Editions BoD
[32] Voir par exemple, l'excellente vidéo intitulée « Naissance du cerveau » sur la chaîne Youtube, Le blob, l'extra-média

La prolifération soutenue des connexions synaptiques[33] qui démarre, aux alentours de la 20e semaine de gestation, rend efficient le transport de l'influx nerveux. Ces 20 semaines constitueraient elles aussi un excellent gabarit.

Enfin, la dernière durée qui me semble être candidate au statut d'étalon, est celle qui sépare la survenance d'un événement et le moment où nous percevons ce même événement. De fait, lorsque que nous prenons conscience d'une réalité, celle-ci appartient déjà au passé. Si par exemple, elle nous arrive par la vue, elle ne nous parvient qu'après quelques dixièmes de seconde. Durant ce temps, notre système nerveux a capté les informations, les a envoyées vers notre cerveau, ce dernier les a complétées avec ses connaissances, avant de les délivrer définitivement à notre cortex. Dans l'excellent reportage intitulé, « Qu'est-ce que la réalité ? »[34], David Eagleman nous explique qu'avant de le mémoriser, notre cerveau enrichit un signal visuel entrant, par six fois plus d'informations qu'il va puiser dans une réalité modèle, entreposée dans notre

---

[33] Connexions entre neurones.
[34] Série « Au cœur du cerveau », - Saison 1 - 2017

mémoire. Cette réalité modèle s'est bâtie au fil du temps, à mesure que des signaux externes sont venus l'enrichir. Mais il est vraisemblable qu'elle soit aussi, au moins en partie, le fruit du bagage génétique dont nous avons hérité de nos parents. Nous pourrions donc considérer que toute information qui nous parvient est, dès son arrivée, complétée et transformée par une mémoire potentiellement issue de la nuit des temps.

Par conséquent, même si dans l'interprétation que je vous propose, la conscience se matérialise avec l'individu, il n'est pas déraisonnable de penser qu'elle lui est bien antérieure ou qu'elle peut lui survivre.

D'ailleurs, si l'on poussait le raisonnement jusqu'à son terme, on pourrait envisager que toutes les âmes ne soient en fait, que les occurrences d'un seul et même organisme polymorphe.

Il est aisé de comprendre que chacune de ces occurrences est emportée à la vitesse de la lumière sur l'axe du temps, dès l'instant où elle advient. Tout comme c'est le cas pour la matière.

Mais les consciences sont-elles, elles aussi, capables de se déplacer dans un espace euclidien ? Sont-elles soumises aux lois de la physique ? Sont-elles dotées d'une masse ? Suivent-elles une trajectoire ? Cette trajectoire, est-elle déviée par la présence d'autres objets animiques massifs ?

Dans son ouvrage, « une brève histoire de tout »[35], Ken Wilber remet en avant le terme de Kosmos [36] qu'utilisaient les pythagoriciens. Il le décrit comme étant « le processus ordonné de tous les domaines de l'existence, de la matière au mental et jusqu'à Dieu ». Ce Kosmos est composé du cosmos[37] – ou physiosphère, du bios – ou biosphère, de la psyché – ou noosphère et du theos – ou theosphère.

Et pour lui, ces sphères émergent les unes des autres.

Ainsi, la vie émerge de la matière, la pensée émerge de la vie et le divin émerge de la pensée. Les quatre domaines sont donc intimement liés et apparaissent successivement.

---

[35] A brief history of everything – Ken Wilber - 1996
[36] Komos avec un K
[37] Cosmos avec un C

Pour Wilber, le Kosmos est composé de holons[38]. Un holon est une entité qui est simultanément un tout en soi et la partie d'un autre tout.

Pour illustrer cette notion, il cite en exemple :

- L'atome qui est un tout en soi, mais qui peut s'inscrire dans une molécule,
- La molécule qui est un tout en soi, mais qui peut faire partie d'une cellule,
- La cellule qui est un tout en soi, mais qui peut faire partie d'un organisme.

On comprend aisément que l'organisme cité ici en exemple, appartient tout autant à la biosphère, de par sa propre vie et de par celle de ses cellules, qu'à la physiosphère, de par ses molécules et de par ses atomes. C'est un holon qui englobe d'autres holons de hiérarchie[39] inférieure qui, eux-mêmes incluent des holons issus de niveaux hiérarchiques plus bas encore.

---

[38] Le mot a été introduit par Arthur Koestler en 1967 dans son ouvrage « The ghost in the machine »
[39] On utilise plutôt le terme d'holarchie

Arrivés au stade de l'atome, nous retrouvons clairement le monde d'Einstein et de Newton que nous évoquons depuis le début de ce petit ouvrage.

Si l'on accepte le raisonnement de Wilber, on accepte aussi les idées suivantes :

- Il n'y a pas de vie sans matière.
- Il n'y a pas de pensée sans vie.
- Il n'y a donc pas de pensée sans matière.
- Il n'y a pas de divin sans pensée.
- Il n'y a donc pas de divin sans vie.
- Il n'y a donc pas de divin sans matière.

Et si la matière est partie prenante de notre psyché et du theos, il est tout à fait probable que les lois de la gravitation ou de la relativité générale le soient aussi.

Nos pensées, nos raisonnements, nos croyances, nos valeurs ou notre personnalité entrent donc nécessairement dans le champ des lois de la physique.

Ou peut-être est-ce l'inverse.

Encore un bout de chemin avec Ken

Lundi, 25 mai 2020

Mais que faisait donc Johannes Kepler il y a 400 ans lorsqu'il scrutait le firmament ?

Il observait, il dénombrait les astres, il mesurait des distances et des vitesses puis, il déduisait par empirisme, le comportement naturel des planètes.

Mais que faisait alors Marian Diamond il y a 60 ans, lorsqu'elle scrutait sous son microscope, les lames sur lesquelles elle avait déposé des prélèvements de cerveaux de rats.

Elle observait, elle dénombrait les cellules, les connexions neuronales, mesurait les dendrites par exemple puis, elle déduisait par empirisme, l'impact de l'environnement sur la plasticité cérébrale. Elle disait avec humour à ses étudiants, qu'elle aurait aimé faire cela avec un cerveau humain, mais que personne n'avait jamais accepté de lui confier un morceau de son cortex.

Elle aurait probablement été ravie de pouvoir interviewer les sujets de ses expériences pour enrichir nos connaissances.

Mais la science moderne est ainsi faite.

Elle observe, elle dénombre, elle mesure puis, elle déduit par empirisme, les mécanismes de la nature. Elle énonce ensuite sur cette base, des vérités objectives et évaluables. Pour elle, si la mesure n'est pas possible, la vérité n'est pas établie. Dans ses postulats, tout ce qui est sujet à interprétation - un avis, un ressenti, une pensée, une croyance par exemple, tout ce qui n'est pas vérifiable, n'est tout simplement pas avéré.

Pour Ken Wilber, cette science de l'observation, de la mesure, de l'expérience et de la vérité démontrable, cette science que j'ai souvent évoquée depuis le début de ce recueil, ne s'intéresse pas à l'intégralité du Kosmos. Elle ne s'attache qu'à l'extérieur de ce qu'elle étudie et se refuse à aborder l'intériorité des choses ou plus précisément l'intériorité des holons.

Mais illustrons ce propos et choisissons un sujet d'étude ; choisissons notre holon : la patronne d'une entreprise.

Persuadons-nous d'abord qu'il s'agit bien d'un holon. Détruisons ce statut de cheffe d'entreprise, il restera une femme. Mais éliminons la femme au sens tout à fait propre du terme. Tuons-la et la cheffe d'entreprise disparaîtra avec elle. Ou alors éliminons l'eau que contient son corps et nous verrons succomber immédiatement, et la femme, et la cheffe d'entreprise.

C'est l'une des caractéristiques d'un holon. Lorsqu'il se dissout, les holons dont il est constitué demeurent. En revanche, les holons dont il est l'un des constituants disparaissent lorsque lui-même est éliminé. Il existe d'autres méthodes pour repérer un holon, mais celle-ci est assez efficace.

Mais revenons à notre sujet d'étude. Comment prendre la pleine mesure de ce holon, cheffe d'entreprise ?

Une première approche serait d'observer le sujet isolément et d'identifier les éléments objectifs qui en font ce qu'elle est. Nous pourrions par exemple, constater qu'elle est titulaire des comptes bancaires de l'entreprise et signataire de toutes les procurations accordées à d'autres sur lesdits comptes bancaires. Nous pourrions aussi consulter le dernier rapport du conseil d'administration qui confirme très officiellement ses fonctions de Présidente Directrice Générale de l'entreprise dont elle est la supposée patronne.

Nous serions là, dans un premier quadrant du Kosmos, en présence de critères vérifiables qui déterminent une vérité objective dans nos esprits d'enquêteurs.

Dans un second temps, nous pourrions tout simplement interviewer cette femme et lui demander ce qui fait d'elle une cheffe d'entreprise. Peut-être nous dirait-elle qu'elle se sent porteuse d'un projet riche de sens qui fédère ses collaborateurs. Peut-être nous dirait-elle aussi qu'elle se sent une responsabilité par rapport à ses salariés, puisque son projet leur donne accès un revenu qui permet leur subsistance et celle de leurs proches. Peut-être nous dirait-elle enfin, qu'être patronne est, pour elle, une façon de prendre en main sa destinée plutôt que de se laisser porter par la vie.

Et nous devrions la croire... ou non.

Nous serions alors dans un espace, non plus de vérité, mais plutôt de vraisemblance, où le dialogue et l'interprétation des informations échangées a toute sa place. En dépit de ses propos, peut-être ne verrions-nous en notre interlocutrice, qu'une personne avide de position sociale, de domination et de richesse, mais peu importe. Nous serions cette fois dans un deuxième quadrant du Kosmos qui nous permettrait d'appréhender une seconde dimension du holon « cheffe d'entreprise », sujet de notre étude.

En cet endroit, le mètre ou le bakulo ne sont pas pertinents. Les valeurs qui circulent ici - des émotions par exemple, sont pourtant porteuses d'une intensité, mais l'évaluation de celle-ci ne peut se faire que par l'entremise du holon étudié. Les instruments de mesure traditionnels de la science se réclament d'un référentiel objectif, commun à tous, et qui permet la vérification empirique de ce qui est observé. Ils sont inefficients dans ce quadrant du Kosmos où seule la subjectivité permet l'accès à la connaissance.

Dans une troisième approche, nous pourrions reprendre une position d'observateur externe pour situer notre holon « cheffe d'entreprise » dans une réalité sociale. Nous pourrions par exemple nous attacher à éclaircir la notion d'entreprise. Si vous vous essayiez à cet exercice, vous verriez que ça ne coule pas forcément de source et que tous les indicateurs objectifs disponibles seraient bienvenus pour vous aider. Vous découvririez peut-être que cette notion est définie en droit dans des textes dédiés à cela. Si vous poursuiviez vos investigations, sans doute comprendriez-vous que l'idée même de droit est fondée sur l'existence d'un état en amont, puis, que cet état était né de la réunion de groupes sociaux cohabitant sur un même territoire géographique. En remontant encore un peu, vous finiriez finalement assez rapidement par trouver sur votre fil d'Ariane, la planète Terre, le système solaire ou alors la physiosphère dans son ensemble, dans les éléments constitutifs de notre holon.

Galilée, derrière sa lunette astronomique...

Quel intérêt pourrions-nous trouver à explorer ce troisième quadrant du Kosmos ?

Pour répondre à cette interrogation, oublions Galilée et mettons-nous dans la situation de devoir présenter notre « cheffe d'entreprise » à une personne qui n'a pas la moindre idée de ce que peuvent signifier les concepts de droit du travail ou d'état. Ma connaissance des peuples est tout à fait insignifiante, mais il me semble malgré tout, qu'une telle situation pourrait encore se présenter de nos jours.

Pour commencer, il nous faudrait sans doute trouver une langue commune ou un interprète fiable. Mais ensuite, les choses se compliqueraient. Il serait peut-être aisé de faire comprendre que notre cheffe d'entreprise est leader d'un groupe de personnes. Mais comment expliquer qu'elle n'a pas la charge de diriger un chantier, qu'elle n'est pas cheffe de village, qu'elle n'est pas prêtre, chamane ou je ne sais quoi d'autre ? Nous serions à nouveau là dans un endroit où tout n'est qu'interprétation, où celui qui s'exprime fait lui-même partie de l'explication qu'il fournit. C'est l'espace de la culture. Il n'est accessible que par le dialogue et par l'interprétation. Ken Wilber le désigne comme un quatrième quadrant du Kosmos.

Ce que Wilber nous dit, c'est que pour appréhender intégralement une idée, pour comprendre un statut, une situation, un concept, un être vivant, un objet, un état de conscience, pour comprendre la nature dans laquelle nous évoluons, il est utile de s'attacher à explorer les quatre quadrants du Kosmos.

Et pour en revenir à notre géométrie des âmes, il nous explique assez clairement que la mesure objective, en mètres, en kilogrammes ou en watts n'a réellement de sens que dans deux de ces quatre quadrants.

Pour lui, l'être humain évolue maintenant dans une ère qu'il nomme post-moderne, au terme de laquelle les individus accéderont à un niveau de conscience qui leur permettra cette appréhension intégrale du Kosmos.

Voilà donc de quoi mettre un terme à notre quête du bakulo.

	Intérieur	Extérieur
Individuel	*Intention*	*Comportement*
Collectif	*Culture*	*Société*

Les 4 quadrants du Kosmos - Ken Wilber

Mathématiques post-modernes

Mercredi, 10 juin 2020

Je suis né en 1966. A l'époque où, j'ai commencé à fréquenter l'école, la réforme des « maths modernes » était en plein essor en France. Cela inquiétait beaucoup les parents d'élèves, mais aussi les enseignants qui se demandaient parfois, s'ils arriveraient, avec cette nouvelle approche, à transmettre les bases de l'arithmétique aux enfants.

Toujours est-il que je fais partie, dans mon pays, des toutes premières générations qui, dès leur plus jeune âge, ont été sensibilisées aux notions d'ensemble, de sous-ensembles, d'inclusion, d'ensemble vide, d'ensemble universel[40]. Je n'ai que peu de souvenirs de cette époque, mais je conserve quelques images très précises qui me laissent penser que, dès l'école maternelle, certains de ces sujets avaient été abordés dans ma classe.

---

[40] Cf. Théorie naïve des ensembles

Alors même que nous ne maîtrisions pas encore la lecture et l'écriture, les bases d'une compréhension holarchique du Kosmos nous avaient été proposées. Une transcendance de notre société post-moderne, avait semble-t-il débuté. Cinquante ans plus tard, elle n'est toujours pas achevée.

Mais arrêtons-nous un instant sur la notion d'holisme.

Le concept est ancien, mais le terme a été initié en 1926 par Jan Christiaan Smuts dans un ouvrage intitulé « *Holism and Evolution* ». Celui-ci définit l'holisme comme la « *tendance de la nature à former, au cours de l'évolution, des **touts** plus grands que la somme des parties dont ils sont constitués* ».

Pour illustrer cela, nous pouvons reprendre l'exemple fourni par Ken Wilber. L'holisme, c'est l'idée que :

- Une molécule, ce n'est pas uniquement la somme des atomes qui la composent. C'est cette somme-là à laquelle s'ajoute le **tout** que constitue la molécule.

- Une cellule, ce n'est pas uniquement la somme des molécules qui la composent. C'est cette somme-là à laquelle s'ajoute le **tout** que constitue la cellule.

- Un organisme, ce n'est pas uniquement la somme des cellules qui le composent. C'est cette somme-là à laquelle s'ajoute le **tout** que constitue l'organisme.

Une brève histoire de tout

« Une brève histoire de tout » est le titre de l'ouvrage publié par Ken Wilber en 1996.

Mais comment est-il possible d'écrire un livre qui parle de tout, et qui plus est, de façon brève ? Pourtant, vous le savez, si vous avez lu Wilber, ce titre n'est en rien usurpé et l'auteur a relevé haut la main le défi qu'il s'était fixé.

Jouons un peu nous aussi et résumons encore sa proposition. Géométriquement, bien entendu.

Au départ est le vide.

Dans la *théorie des ensembles*, nous symboliserions cet état par l'ensemble vide, Ø. Mais dans le vide évoqué ici, il n'y a pas de traité de géométrie, pas de lecteur, pas de vous, pas de moi, pas de pensée, pas de vie, pas de matière, pas d'espace et pas même de temps.

Rien !

La **vacuité** totale et absolue.

Arrive une pulsion de **créativité** et notre histoire commence !

Bien-entendu pour Wilber, elle débute par l'émergence de **holons**[41].

De quoi ces holons originels sont-ils faits ?

De matière ? De photons ? De quarks ?

Peu importe, un holon émerge toujours à partir d'autres holons. L'idée même de holons originels est donc difficile à appréhender. D'ailleurs, il est aussi difficile d'appréhender le nombre de holons originels. Celui-ci est probablement infini.

Nous sommes, sur ces questions, dans la situation d'études « aux limites » du vide ou « aux limites » de l'infini, typiques des problèmes de géométrie, de mathématiques, de philosophie et, depuis quelques décennies maintenant, de physique aussi.

Représentons nos holons originels par des sphères ou des bulles, de couleur beige[42].

---

[41] « *Vacuité, créativité, holons* » est un triptyque que Willber utilise dans sa proposition.
[42] Un clin-d'œil aux adeptes de Clare Graves

Chacun d'entre eux peut, à la fois :

- Maintenir une identité qui lui est propre.

- Entrer en **communion** avec d'autres holons.

Cette communion peut aboutir à la **transcendance** d'un nouveau holon, représenté en violet ci-dessous.

Deux scénarios sont alors possibles.

- Soit, le holon émergeant rejette ses holons sources, s'en désolidarise puis meurt. La bulle violette éclate.

- Soit, il accepte ses holons sources, les **inclut** et pérennise ainsi son existence.

Le phénomène d'émergence que nous venons de décrire peut se poursuivre de façon ascendante. Ainsi, deux holons violets peuvent par exemple appeler à la transcendance d'un holon « rouge ».

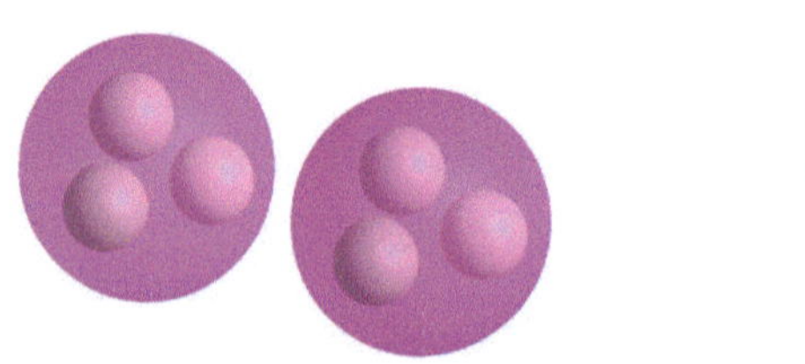

Et ce dernier, s'il perdure, inclura les deux holons violets, et par voie de conséquence, les six holons beiges de notre illustration.

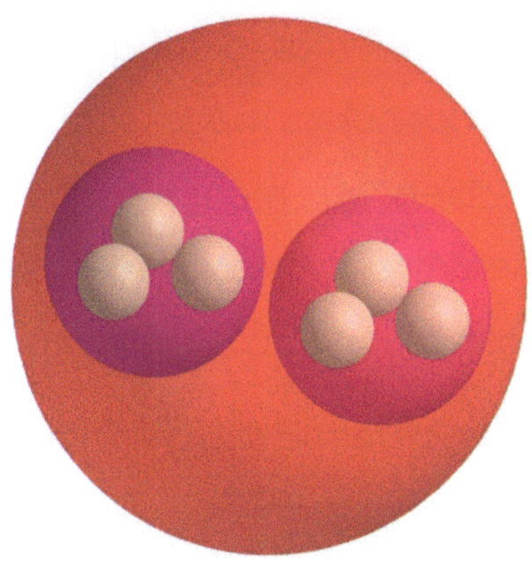

Dans une holarchie, à chaque fois qu'un holon émerge, sa profondeur est incrémentée de 1 par rapport à celle de ses holons sources.

Ici, les holons beiges ont une profondeur de 1, les holons violets ont une profondeur de 2 et le holon rouge une profondeur de 3.

Dans l'histoire que nous raconte Ken Wilber, le Kosmos est doté d'une pulsion formatrice. Ainsi, même s'il arrive fréquemment que des holons se dissolvent et libèrent d'autres holons de profondeur moindre, le Kosmos, dans son ensemble, évolue toujours dans la direction d'une profondeur croissante.[43]

---

[43] Cela correspond aussi à la définition de l'holisme donnée par Jan Christiaan Smuts en 1926.

Par les quelques schémas précédents, il est aisé de comprendre que les holons rouges sont moins nombreux que les holons violets, eux-mêmes moins nombreux que les holons beiges. Ainsi, à mesure que la profondeur des holons augmente, leur nombre diminue.

Dans cette vision déterministe de l'holisme, le Kosmos tend, à terme, à être intégralement inclus dans un holon unique. Et si l'on pousse la logique à son terme, cet holon unique peut même en venir à se transcender lui-même et à être alors inclus dans lui-même.

On retrouve ici l'idée d'un ensemble universel parfois développée dans la *théorie des ensembles*.

De sa large connaissance des philosophies du monde, Ken Wilber déduit que lorsqu'il atteint sa profondeur ultime, le Kosmos finit par retrouver la vacuité qu'il avait quittée au début de son périple holarchique.

Un vide absolu qui contient l'infini du Kosmos.

Et voilà notre brève histoire de tout achevée.

Tout comme elle ne fait alors, que commencer.

Soit !

J'ai un peu préjugé de mes capacités en prétendant pouvoir vous proposer ce résumé d'*une brève histoire de tout*. Ken Wilber aborde bien d'autres thèmes dans son ouvrage et, si ce n'est pas encore fait, je vous invite à les découvrir par vous-mêmes.

J'aimerais malgré tout revenir sur quelques aspects de ce que j'ai compris de ses écrits sur l'holisme.

- Pour lui, le terme de *profondeur* est équivalent au terme de *conscience*. Tout holon est donc doté d'une conscience, qu'il soit un atome, une pierre, un poisson, un ours, une nation ou une opinion pour ne citer que quelques exemples. Bien entendu, la conscience d'une brique est infiniment moins importante que celle d'un chien ou d'un humain. Mais elle existe.
- Il arrive que les émergences ne soient pas tout à fait naturelles. C'est notamment le cas lorsqu'un holon se perçoit exclusivement comme un tout et se refuse à être, dans le même temps, la partie d'un autre tout. Il tente alors de s'imposer aux autres holons en les incluant d'autorité.

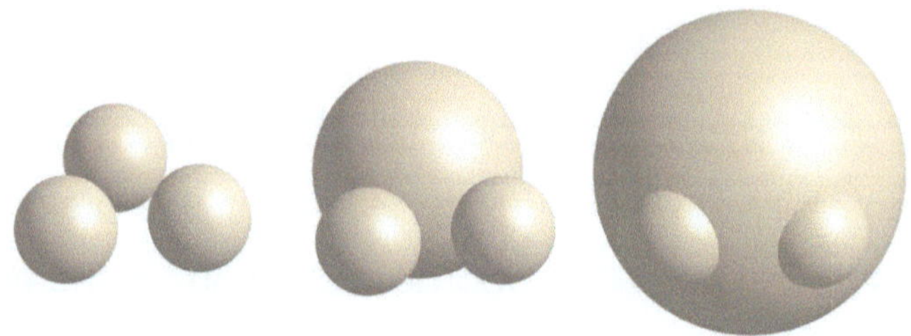

Ken Wilber évoque dans ce cas, la survenance de hiérarchies de domination. Celles-ci sont pour lui, des situations pathologiques qui se répercutent dans les quatre quadrants du Kosmos[44].

Mais revenons un instant sur cette notion de quadrants. Elle semble indissociable d'une perception holarchique du Kosmos.

Lorsqu'on observe un holon, il est possible de décrire de quoi il est constitué par exemple. Nous sommes-là dans le quadrant « individuel extérieur » du Kosmos, dans la mesure objective, en haut à droite du schéma des quadrants.

---

[44] Il cite par exemple le cancer ou le nazisme

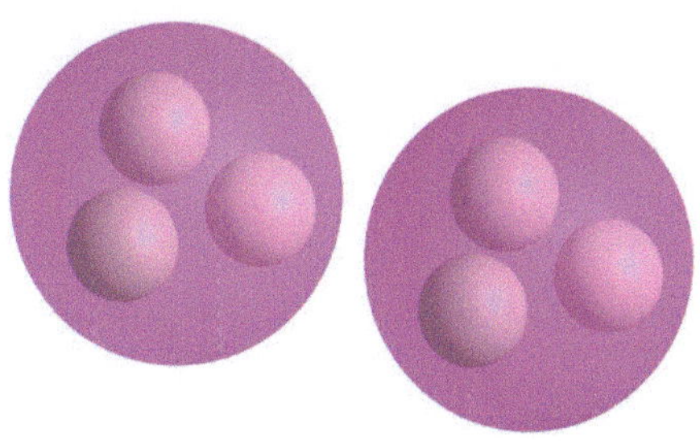

Il est aussi possible de décrire la position du holon parmi d'autres holons, d'essayer de comprendre les interactions qui existent entre eux. Toujours dans l'objectivité, nous nous positionnons alors dans le quadrant « collectif extérieur », en bas à droite du schéma des quadrants.

Mais pour percevoir intégralement ce qu'il se passe au cœur d'un holon, il n'est pas possible de se tenir uniquement dans la position de l'observateur. Il faut être ce holon. Nous sommes les seuls à pouvoir accéder pleinement à nos propres ressentis, à nos propres intuitions, à nos propres croyances, à notre sincérité, à nos approximations ou aux mensonges que nous nous racontons. Cet espace est le quadrant « individuel intérieur », en haut à gauche du schéma des quadrants.

Enfin, si nous souhaitons accéder aux ressentis d'autres holons, nous n'avons d'autres choix que d'interagir avec eux, de les interroger, de leur parler, de les écouter. Il faut soi-même faire partie d'un tout pour pouvoir échanger avec des holons dont nous partageons le langage et la culture. Nous sommes alors dans un espace d'interprétation où nos questions ont nécessairement une influence sur les réponses que nous obtenons. Nous sommes cette fois dans le quadrant « collectif intérieur », en bas à gauche du schéma des quadrants.

Histoire d'eau

Samedi, 20 juin 2020

Vous souvenez-vous de la cheffe d'entreprise dont je vous ai parlé, il y a quelques pages. J'évoquais l'eau contenue dans son corps. En holarchie, l'eau de notre corps est un holon dont la profondeur est bien moindre que celle de notre conscience.

Mais de quelle eau parlons-nous ici au juste ?

Des 50 litres qui, à l'instant présent, sont stockés au cœur de nos tissus ? Je ne le crois pas. Cette eau-là aura presque intégralement été remplacée dans quelques semaines. Ce n'est donc pas cette réserve-là qui a participé à l'émergence de notre conscience. Ce ne sont pas non plus, les quelques dizaines de milliers de litres qui transiteront dans notre corps au cours de notre existence. C'est bien l'eau en tant que telle et dans son intégralité qui est constitutive de notre vie et de notre conscience.

Toute l'eau !

Celle qui anime nos rivières et nos océans, celle que l'on trouve dans les glaces ou dans les nuages, celle que nous avons tant de mal à repérer ailleurs que sur notre planète, celle qui transite dans le corps de nos semblables, dans celui des animaux, dans les plantes, celle qui coule, celle qui a coulé, celle qui coulera.

Toute l'eau et par conséquent, tout l'hydrogène et tout l'oxygène qui la composent. En étendant cette perception, il est assez aisé de ressentir que le holon que constitue notre conscience est, a minima, une émergence de la matière et de la vie dans leur ensemble.

Dans notre monde contemporain, nous explorons plus volontiers les quadrants de droite du Kosmos, ceux de la rationalité, de la mesure et de la science. Par cette voie, nous apparaissons bien souvent comme une poussière dans l'immensité de la nature.

Mais lorsque nous parcourons les quadrants de gauche du Kosmos, nous en venons à percevoir que c'est la nature tout entière qui est en nous.

Et bien plus encore sans doute.

Le grand chambardement

Samedi, 15 mai 2021

Si vous êtes observateur, vous noterez que je reprends aujourd'hui l'écriture de cet ouvrage après onze mois d'interruption.

J'ai vécu durant cet intervalle, un épisode de dépression intense, une plongée abyssale dans les recoins les plus obscurs de mon âme. Une séquence difficile au cours de laquelle il m'a été impossible d'écrire le moindre mot.

Ce sont des choses qui arrivent.

Pour m'aider à m'extirper de cette situation douloureuse, j'ai sollicité l'aide d'un thérapeute. Ce fut une bonne idée. Je n'en prends totalement conscience qu'aujourd'hui, mais il y a eu, au cours de cette pénible traversée, quelques heureuses rencontres et aussi quelques moments de grâce. Je ressens une profonde gratitude pour celles et ceux avec qui je les ai partagés.

Bien que je ne vous en aie pas fait profiter, j'ai tout de même travaillé ma géométrie des âmes durant la tempête.

De temps à autre, mon thérapeute, appelons-le Jo, me demandait de m'auto-évaluer sur les plans émotionnel, physique, mental et spirituel. Il s'agissait à la fois de décrire mon ressenti général dans ces quatre dimensions mais aussi d'évaluer dans quelle mesure mon rapport à certaines personnes ou à certaines notions - mon activité professionnelle par exemple – influait sur ce ressenti. Peu inspiré par les mots, j'ai proposé une représentation graphique.

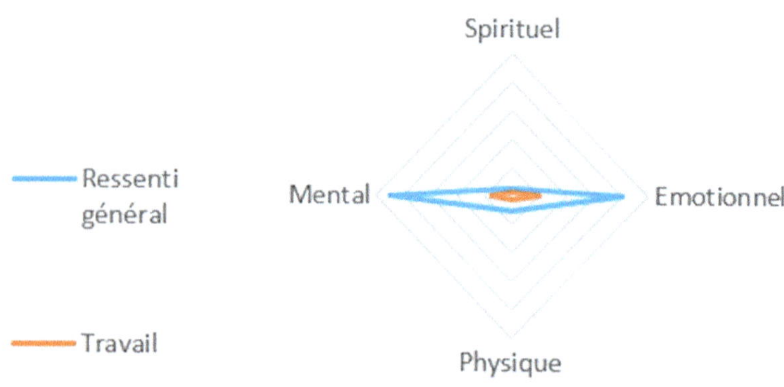

Il est intéressant de noter qu'au regard du Kosmos de Ken Wilber, ce schéma ne retranscrit que des éléments issus des deux quadrants de gauche. Il relève par conséquent, de la subjectivité la plus totale.

- Le quadrant supérieur gauche abrite mon identité profonde. C'est un espace intérieur et individuel que je ne peux appréhender autrement que face à moi-même. J'y puise les éléments qui me permettent le tracé du schéma.

- Le quadrant inférieur gauche est, par exemple, le lieu de l'échange avec mon thérapeute quant à mes ressentis. C'est un espace intérieur lui aussi, mais cette fois-ci collectif.

Au fil des séances avec Jo, j'ai tracé diverses versions de cette auto-évaluation de mon âme. Mises bout à bout, elles auraient pu constituer un film d'animation, c'est-à-dire une représentation dynamique prenant en compte la dimension du temps. A chaque fois que j'ai refait l'exercice, il m'a fallu me repositionner relativement à la dernière mesure que j'avais proposée.

- Me sentais-je plus traversé par des émotions ou alors plus serein ?
- Ma santé, était-elle meilleure ou plus dégradée ?
- Etais-je plus ou moins mobilisé par mes pensées ?
- Ma spiritualité, s'était-elle étendue ou atrophiée ?

La mesure de ces intensités était évidemment subjective, mais elle n'en était pas moins réelle. C'est cela qui a rendu possible la schématisation de mes ressentis.

La géométrie est un extraordinaire support pour nous aider à comprendre. La science se l'est appropriée pour étudier les corps, mais elle paraît tout aussi pertinente dans l'étude de la compréhension des âmes.

Nous sommes éduqués à utiliser cet outil dans les deux quadrants de droite du Kosmos, ceux de l'observation extérieure, individuelle ou collective, de notre environnement ; ceux qui relèvent de la vérité scientifique, factuelle, mesurable et démontrable.

Pour ma part, j'ai peu à peu acquis le sentiment que son utilisation est envisageable sur toute l'étendue du Kosmos.

La géométrie est certes une discipline scientifique très pertinente, mais elle est d'abord un fabuleux langage universel qui rend possibles les échanges entre les individus de toutes les cultures. De plus, elle peut aussi nous rendre d'immenses services dans nos moments d'introspection pour comprendre les dynamiques de notre âme.

René et Ken

Lundi 24 mai 2021

Peut-on parler de géométrie lorsque que la mesure exacte est impossible ?

A me lire, René Descartes se retournerait probablement dans sa tombe. Celui-ci publiait il y a maintenant 380 ans ses « méditations métaphysiques » qui avaient pour objet de démontrer deux notions essentielles à ses yeux.

- L'existence de Dieu, d'une part.
- La distinction entre l'âme et le corps humains, d'autre part.

Les travaux de Descartes sont brillants et restent, après trois siècles, un marqueur majeur des sociétés occidentales dans lesquelles nous vivons. Ils constituent un référentiel incontournable de nos choix sociétaux et de nos approches des raisonnements.

Dans ses méditations, il fait d'abord le constat qu'il faut douter de tout, que le monde qu'il observe autour de lui pourrait fort bien être une simple invention de son esprit. Il démontre par quelques exemples que les perceptions relayées par ses sens sont trompeuses et qu'il ne peut les considérer comme fiables. La seule certitude dont il puisse se prévaloir est que, le fait même qu'il pense, démontre qu'il existe. C'est le sens de la locution, « cogito ergo sum »[45], qu'il avait énoncé une première fois, en 1637, dans son « discours de la méthode ».

Je ne vais pas ici présenter l'ensemble des « méditations métaphysiques ». C'est un ouvrage assez court et accessible. Il est aisé de se le procurer. Je vais toutefois souligner quelques éléments forts qui m'ont marqué à sa lecture.

Pour commencer, je note que plus de 10% du texte est consacré au fait de se prémunir d'éventuelles représailles quant au fait d'avoir osé challenger l'existence de Dieu. Avant même d'avoir exposé le résultat de ses travaux, René s'adressait aux doyens et aux docteurs de la faculté de théologie de Paris pour les assurer que ce serait bien à l'existence de Dieu qu'aboutiraient ses méditations. Son éditeur, lui aussi, se couvrait en précisant aux lecteurs qu'il n'était pas prêt à assumer tout seul une éventuelle disgrâce si elle devait survenir. Descartes n'aurait donc vraisemblablement

---

[45] « Je pense donc je suis »

pas pu publier ses ouvrages s'ils l'avaient mené à des conclusions socialement non-recevables.

Il n'en reste pas moins qu'il est parvenu à y exposer avec brio sa méthode, son raisonnement et ses conclusions. Je note quelques-unes de ses idées fortes.

- Mon âme est une substance entière, indivisible, dont l'existence est certaine puisque je pense.

- Mon corps est une substance distincte de mon âme. Elle est imparfaite, accidentée et divisible.

- Mon âme peut exister sans mon corps et peut donc lui subsister.

- Mon corps et mon âme sont liés par mes sens. Ils sont parfois trompeurs et sources d'erreurs, mais ils existent et sont un canal d'échange entre les deux substances.

- Mes sens sont nourris de l'interaction avec d'autres corps que le mien et m'informent par conséquent de leur existence.

- Il n'y a pas d'effet qui soit réel sans cause qui en soit la source. Si mon âme est réelle, c'est qu'elle a été créée. Il y a donc une cause en amont et cela démontre l'existence de Dieu.

- Dieu est une substance encore différente de mon âme et de mon corps. Elle est « infinie, éternelle, immuable, indépendante, toute-connaissante, toute-puissante ».

- Mon âme et mon corps n'ont pas la perfection de Dieu. Mes erreurs en sont la preuve.

- Mes erreurs proviennent de perceptions trompeuses et de connaissances[46] mal-maîtrisées qui, via mon libre-arbitre, m'amènent à faire des choix erronés.

- Faire des choix sans concevoir les choses clairement et distinctement, est une grande source d'erreur.

- L'arithmétique et la géométrie sont des disciplines qui permettent de tenir des raisonnements abstraits. Ce caractère abstrait en fait des outils fiables de recherche de la vérité puisqu'il élimine les erreurs dues aux perceptions trompeuses.

Tout ceci pour vous dire que la géométrie des âmes que je vous propose, cette géométrie sans mesure et basée exclusivement sur les quadrants de gauche de Wilber,

---

[46] Descartes parle d'entendement

serait à l'évidence pour Descartes, un non-sens total, et même peut-être une provocation.

Alors pourquoi une telle proposition ?

Sans doute parce que le cartésianisme est aujourd'hui si ancré dans nos esprits qu'il est difficile de s'en abstraire sans prendre le risque de manquer de crédibilité.

Je ne peux m'empêcher de faire l'analogie entre les travaux de René Descartes et ceux d'Isaac Newton.[47] Ce sont deux esprits tout à fait exceptionnels.

Mais, tout comme les théories de Newton se sont révélées imprécises pour calculer l'orbite de Mercure, celles de Descartes touchent aujourd'hui à leurs limites. Nos sociétés contemporaines sont en danger d'implosion sans que, ni la science, ni le cartésianisme, n'y puisse rien changer.

Einstein avait, à son époque, proposé la théorie de la relativité générale. Une théorie différente et plus vaste que celle de la gravitation universelle, mais qui n'invalidait pourtant en rien celle-ci. La proposition

---

[47] Isaac Newton est né deux ans après la parution des « Méditations métaphysiques » et quatre ans avant le mort de René Descartes.

d'Albert parvenait à la fois à transcender et à inclure celle de René.

Alors pourrait-on imaginer, de la même façon, que la proposition de Ken Wilber transcende et inclue celle de René Descartes ?

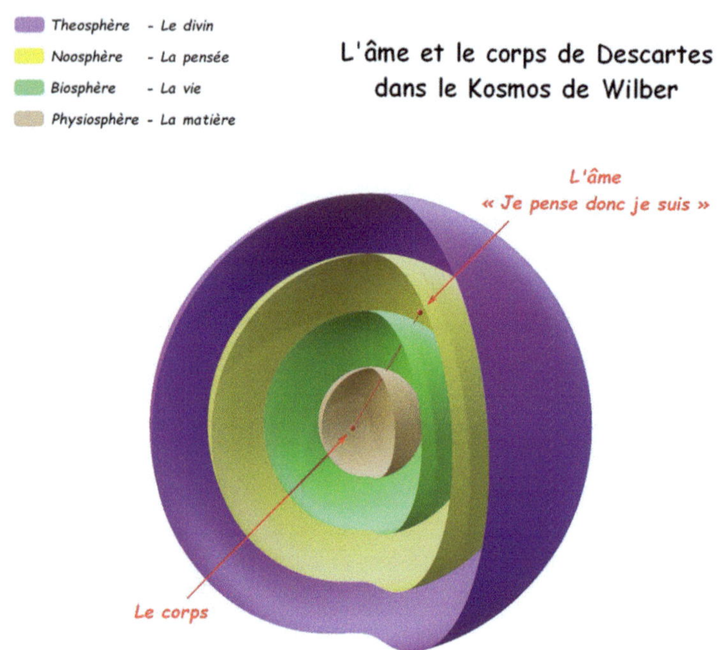

De fait, Descartes dans ses méditations, débute son raisonnement par le constat que sa présence dans la noosphère démontre son existence.

Puis rapidement, il acte aussi que son corps est une substance différente de son esprit. Il situe celle-ci dans un espace qui, dans le Kosmos, relèverait plutôt de la physiosphère que de la biosphère.

Enfin, il finit par démontrer que d'autres individus et d'autres objets peuplent la noosphère et la physiosphère.

Cependant, il identifie Dieu comme une substance encore différente. Celle-ci pourrait, pourquoi pas, s'ancrer dans la theosphère de Wilber.

On notera tout de même que pour ce dernier, Dieu est encore au-delà de la theosphère puisqu'il la transcende et l'inclut pour finalement aboutir à la vacuité absolue.

S'il est possible d'observer une certaine compatibilité entre les méditations de René et celles de Ken, il faut aussi se rendre à l'évidence de quelques différences fondamentales.

A commencer par la notion de déterminisme.

La théorie intégrale de Ken Wilber s'appuie sur l'un des fondements de l'holisme, à savoir la tendance inéluctable de la nature à former au cours de l'évolution des touts plus grands que la somme des parties dont ils sont constitués. C'est une approche philosophique dynamique qui se base sur la certitude d'un sens de progression naturel de la conscience.

Les concepts philosophiques de René Descartes font eux référence à des substances. Le corps d'un côté, l'esprit d'un autre côté[48] et Dieu encore ailleurs. La seule chronologie qu'il mentionne est celle de la préséance divine. Mais au-delà de cet aspect, ses propositions relèvent d'un raisonnement purement statique. Ce n'est d'ailleurs pas étonnant puisque, même s'il était un physicien de renom, même s'il a pressenti l'avènement d'une physique dynamique, même s'il était un contemporain de Kepler, Descartes n'était pas astronome et ne bâtissait pas ses argumentaires dans une logique de mouvement.

René Descartes est mort en 1650, soit une cinquantaine d'années avant le foisonnement philosophique, intellectuel et scientifique du siècle des Lumières dont il

---

[48] On parle d'un « dualisme cartésien » alors que la théorie intégrale se veut non duelle

a été l'un des inspirateurs. La pensée cartésienne domine aujourd'hui encore largement nos sociétés contemporaines. Sa vision statique et duelle du Kosmos et l'intronisation de la science comme unique outil recevable de démonstration de la vérité, demeurent profondément ancrées dans nos esprits, dans nos choix de vie, mais aussi dans les enseignements que nous délivrons dans nos écoles.

Bien entendu, des propositions philosophiques différentes, et même parfois opposées à la pensée de Descartes se sont imposées aujourd'hui dans le paysage intellectuel. Depuis la fin du 18e siècle et les publications de Kant par exemple, l'approche statique du Kosmos a largement été challengée et l'intérêt pour les quadrants intérieurs n'a cessé de croître chez les philosophes. Mais après le siècle des Lumières, la philosophie est devenue une affaire de spécialistes ou, plus exactement, la science s'est émancipée de la philosophie, et cela, dans le même temps qu'elle s'imposait au cœur de nos vies quotidiennes. Elle s'est installée dans nos esprits comme la solution à tous les problèmes que nous rencontrons. Et de fait, bien souvent, elle nous facilite le quotidien.

Les penseurs post-modernes ont néanmoins pris acte du fait que leurs prédécesseurs avaient exagérément porté leur attention sur la rationalité et qu'ils avaient trop largement négligé les chemins de la conscience et de l'empathie. Mais ce constat n'a pas fondamentalement impacté nos choix sociétaux.

Alors pourquoi donc devrions-nous transcender les logiques qui sont les nôtres ?

Tout simplement parce que la science elle-même, par ses aptitudes à la modélisation, nous prédit un avenir compliqué. Les constats d'une destruction croissante et continue du vivant, de l'épuisement des ressources naturelles qui garantissent notre survie, mais aussi de notre impact sur une évolution climatique défavorable à notre espèce, sont maintenant posés. Ce sont des vérités cartésiennes.

Nous savons.

Cependant les instincts qui nous protègent du danger, ceux qui nous dictent par exemple, de ne pas poser la main sur un poêle brûlant, de ne pas sauter d'une hauteur trop importante ou de ne pas traverser à pied une autoroute fréquentée, ne s'activent pas et nous ne parvenons pas à adapter nos comportements pour nous protéger des risques.

C'est une croyance primaire qui prédomine.

Celle qui nous persuade que face aux périls, seuls les individus les plus faibles de la communauté sont menacés. Celle qui nous dit que, tant que nous appartenons au groupe des plus rapides, des plus endurants, des plus agiles, des plus instruits et des plus intelligents, il n'y a pas lieu d'activer nos réflexes de survie ou de s'alarmer. La science nous aidera.

Mais alors que faire maintenant qu'elle nous dévoile que la machine s'est emballée et qu'elle se dit dépassée ?

Et en quoi l'émergence d'une nouvelle transcendance de nos consciences nous aidera-t-elle à nous sortir de ce mauvais pas ?

A poêle !

Mardi 1 juin 2021

Il y a un peu plus d'une semaine s'est achevée l'Integral European Conference qui a réuni 750 personnes et plus d'une centaine d'intervenants autour de la théorie intégrale de Ken Wilber[49].

Parmi les animateurs, des psychologues, des médecins, des auteurs, des philosophes, des chercheurs, des enseignants, des conférenciers, des formateurs, des facilitateurs, une nutritionniste, des acteurs, un réalisateur, un DJ, une photographe, des conseils, des consultants, des coachs, des sportifs, des entrepreneurs, des maîtres zen, des pratiquants et enseignants du yoga, du bouddhisme ou du Reiki. Au menu, des exposés, des ateliers, des expériences, des partages, des rencontres, des pratiques méditatives, de la danse, des expositions, des concerts. Les thèmes abordés appartenaient aux quatre quadrants du Kosmos.

---

[49] Compte tenu des conditions sanitaires liées à la Covid, la conférence s'est tenue sur l'internet

Il existe aujourd'hui dans le monde, une communauté créative croissante, hétéroclite et multiculturelle, d'individus qui se reconnaissent dans une vision commune de l'évolution de la conscience. Et cette vision de l'évolution nous prédit l'appréhension collective d'une conscience commune.

C'est au début du 20e siècle que Carl Gustav Jung formalise l'idée d'un inconscient collectif constitué d'instincts et d'archétypes[50] universels. Il définit celui-ci comme l'un des niveaux qui structure la psyché. Plus tard, d'autres psychanalystes se rallieront à ce concept. C'est par exemple le cas du père de la psychosynthèse, Roberto Assagioli.

---

[50] Images, symboles et représentations universelles qui sont perçues par les individus indépendamment de l'époque à la laquelle ils vivent et de la culture dans laquelle ils baignent

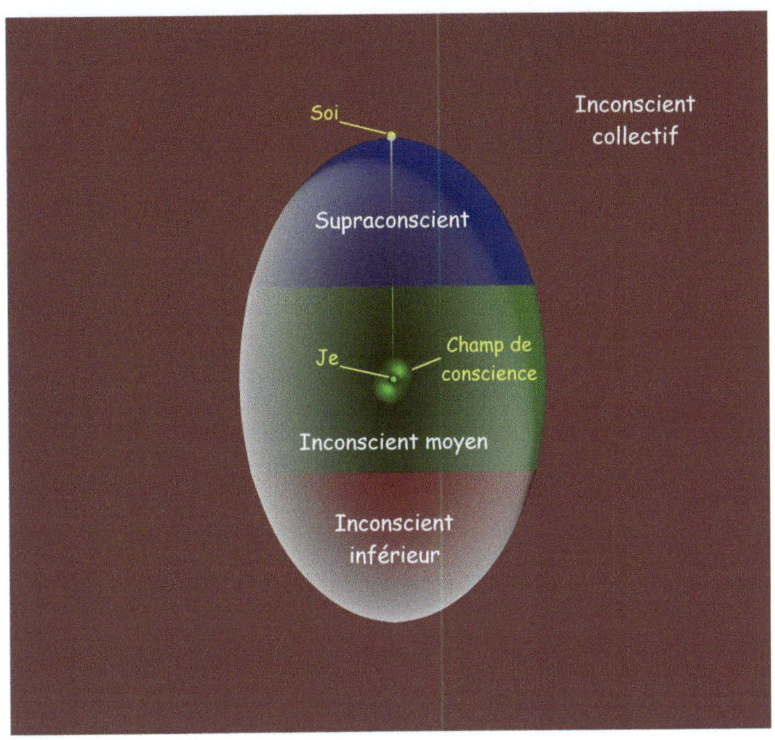

L'œuf de Roberto Assagioli

Wilber adhère lui aussi pleinement à cette idée d'inconscient collectif jungien. Cependant, dans une approche holarchique, il le positionne principalement à une profondeur moindre, plus archaïque que le niveau de conscience qui s'est imposé à l'époque moderne. Il le situe dans un niveau magique et mythique que l'on retrouve déjà au stade tribal des sociétés humaines. Et en effet, bien qu'en occident, à l'avènement du cartésianisme, elle ait largement été effacée et reniée, on retrouve, cette notion d'inconscient collectif de tous temps et dans toutes les cultures.

Mais ce que nous annonce Ken, ce qui ressort de ses travaux, c'est qu'à l'issue du rationalisme et de l'existentialisme, émergent à nouveau des espaces collectifs de la conscience. Ces niveaux holarchiques sont connus depuis longtemps[51], mais aujourd'hui, un nombre croissant d'individus commence à accéder à ces structures qu'il nomme transpersonnelles.

Peut-être avez-vous déjà fait cette expérience après avoir vécu une joie intense ou à l'issue d'une belle randonnée. Vous vous relâchez un moment, vous vous laissez aller à une forme de plénitude, en forêt par exemple ou devant un paysage sublime. Et tout à coup, durant quelques minutes, vous n'êtes plus un observateur de la beauté que vous avez sous les yeux, vous ne ressentez plus le plaisir de partager des moments

---

[51] Wilber cite parfois la tradition Mahamudra du bouddhisme tibétain qui a pris son essor au 11ème siècle mais, dans une version plus occidentale, il fait souvent référence à Plotin, un philosophe gréco-romain qui a vécu au 3ème siècle de notre ère.

heureux avec les gens qui vous accompagnent, mais vous vivez une profonde connexion avec vos amis, avec la forêt, avec chaque arbre, chaque plante ou chaque insecte qui vous entoure, avec le soleil qui vous réchauffe, le vent qui vous caresse le visage, le ciel qui vous surplombe, l'herbe sur laquelle vous êtes allongé, la terre qui vous soutient. Vous n'êtes pas un élément de l'immensité qui vous accueille, mais vous êtes cette immensité.

C'est de cela dont il s'agit. De la perception d'une conscience universelle qui n'est pas différente de nos consciences individuelles.

Alors bien entendu, je n'évoque ici qu'une expérience méditative. Mais ce n'est pas très différent de ce à quoi s'adonnait René Descartes il y a près de 400 ans. On retrouve d'ailleurs dans l'histoire de très nombreuses communautés, le témoignage de pratiques méditatives permettant à des guides spirituels d'explorer la conscience. Ce n'est donc rien de très nouveau.

Dans sa vision philosophique non-duelle, Wilber ne différencie pas les consciences individuelles de la conscience universelle. Cette dernière n'est pour lui que le vecteur des transcendances successives du Kosmos.

Alors, que se passerait-il si, au fil des échanges, au fil des respirations, au fil des méditations, au fil des rencontres, nos consciences individuelles en venaient à rejoindre la conscience collective dont elles émanent ?

Cela harmoniserait-il notre vie quotidienne ?

Cela enrayerait-il la mécanique de destruction du vivant que nous connaissons ?

Cela aurait-il un effet sur la paupérisation de nos ressources naturelles ?

Cela améliorerait-il le climat dans lequel nous vivons ?

Assurément, notre sensation de poser la main sur un poêle brûlant ne se manifesterait plus uniquement lorsque notre seule intégrité individuelle est mise en cause.

Sans doute, ressentirions-nous aussi la brûlure lorsque :

- Nous nous épuisons dans des rapports pervers avec nos semblables.
- Nous dépensons notre énergie ou notre argent dans des choses nous dont n'avons ni envie ni besoin.

- Nous remplissons des poubelles, des décharges et des incinérateurs avec des objets qui ne nous ont jamais été d'aucune utilité.
- Nous retenons systématiquement les solutions les plus polluantes dans nos choix ludiques ou alimentaires[52].
- Nous nous sur-nourrissons ou nous nous surchauffons pour apaiser notre stress.
- Nous bâtissons nos maisons et nos routes dans des écosystèmes en péril.
- Nous utilisons nos voitures pour des déplacements dont nous pourrions nous passer.
- Nous traversons la planète pour nous barricader dans des hôtels à l'autre bout du monde.

Il ne s'agirait pas de nous soumettre à des dictats moraux du savoir-vivre ensemble ou de l'écologie, mais plutôt de refuser de nous livrer à des pratiques douloureuses ou auto-mutilantes.

Quand nous parviendrons à ressentir intimement que nous SOMMES l'immensité dans laquelle nous vivons, nos réflexes de survie réapparaîtront naturellement et nous

---

[52] Nous le savons un peu grâce à René.

pourrons raisonnablement nous attendre à un avenir plus clément que celui que l'époque nous promet.

Je n'aurai pas le temps[53]

Dimanche 6 juin 2021

J'ai évoqué au chapitre précédant, cette communauté créative grandissante qui se retrouve derrière la théorie intégrale. La richesse des concepts qu'elle développe, des échanges qu'elle génère, des rassemblements qu'elle induit, des expérimentations qu'elle mène ou des publications qu'elle engendre, est énorme. J'ai le sentiment que, même si j'y consacrais tout mon temps, je ne vivrai plus suffisamment longtemps pour appréhender l'ensemble des connaissances qui émanent aujourd'hui des groupes et des individus en action.

Tout ceci est plutôt enthousiasmant.

La transcendance a débuté, mais elle ne pourra totalement aboutir que lorsque les plus jeunes parviendront à dépasser ce monde moderne et post-moderne auquel nous nous sommes bien trop souvent

---

[53] Titre de Michel Fugain paru en 1967. Les paroles de cette chanson ont été écrites par Pierre Delanoë.

arrêtés. Les véritables mutations sociétales sont, il me semble, plus généralement induites par les générations en devenir, que par celles qui sont déjà installées.

Pour des enfants, je ne crois pas qu'une philosophie holistique ou qu'une philosophie non-duelle, soient plus complexes à appréhender que le rationalisme que nous retenons souvent dans nos écoles, comme la seule source fiable du développement des esprits. Nous pourrions les y sensibiliser.

Je ne sais pas si je saurai faire cela, mais j'aimerais beaucoup que l'un de mes prochains ouvrages puisse s'adresser aux plus petits d'entre-nous.

Advienne que pourra !

Tu vois toutes ces étoiles dans le ciel ?
Oui, c'est un peu de nous qui brille.